高度経済成長と社会教育

辻浩編

大空社出版

まえがき　課題と方法

日本社会は一九五〇年代半ばから七〇年代初めにかけて、年平均一〇%の高度経済成長を実現した。そのことで、国民の所得が増加し、家電が普及し、進学率が上昇するとともに、税収の増加によって、公共投資が拡大した。しかし一方で、農村から都市に労働力が移動して、農村では生活基盤の維持が難しくなり、都市では核家族化と人間関係の希薄化がすすんだ。また、経済優先の社会の中で、公害などの深刻な問題が発生し、教育は経済発展に貢献する人的能力の開発を中心的な課題とするようになった。このような中で、社会教育実践は勤労青年の教育や地域課題の解決につながる住民の学習を展開した。

住民の学習で地域課題が取り上げられるようになると、それまでの社会教育法の改正や青年学級振興法の制定の中でみられた住民の学習を統制しようとする動きが顕著になる。一九五九年の社会教育法の改正では、社会教育主事を市町村に必置するとした上で、その養成を大学以外での講習でも行えるようにし、社会教育関係団体に補助金を出すことができるようにした。社会教育主事を広く配置することや社会教育関係団体に補助金を出すことで、社会教育の発展をはかることができると歓迎される一方で、政治的な力が容易に介入できる場で社会教育主事が養成されることや補助金によって団体が差別化されるという考えがあり、議論が巻き起こった。また、一九七一年の社会教育審議会答申「急激な社会構造の変化に対処する社会教育のあり方」では、社会の変化の根底にある問題構造に注目するのではなく、変わる社会に適応していくことが中心的な課題とされた。このような状況の中で、住民の学習の自由を守り、その条件を求める「権利としての社会教育」が、社会教育の実践と研究に携わる人びとの間で共有されることになった。

このような高度経済成長期の社会教育を研究することには、次のような意義がある。

第一に、高度経済成長期は「戦間期」「占領期」に次ぐ現代日本社会の大きな転換期であり、その時期に住民の自己教育がどのように展開され、それを政策的にどのようにとらえたのかを把握することは重要である。戦間期には産業振興と軍国主義的な体制づくりに社会教育が利用され、占領期には国内的にも国際的にも複雑な状況の中ではあったが、社会の民主化と地域再建のために社会教育は位置づけられた。そして高度経済成長期にはそのことも引き継ぎながら、大量消費社会の中で生じた矛盾に注目して、社会教育の実践と理論と政策が展開された。その様態を明らかにすることが求められている。

第二に、高度経済成長を謳歌した時代からおよそ六〇年、高度経済成長に終止符をうったオイルショックから五〇年が経過した今日、高度経済成長と社会教育のかかわりを歴史的に評価することが必要となっている。日本社会は高度経済成長の後、一九七〇年代後半から八〇年代には、低成長ではあっても経済大国を維持し、九〇年代以降、格差社会という厳しい状況を迎えている。このような展開を念頭において、大量消費社会のさきがけとなった高度経済成長の矛盾に社会教育の実践と理論はどのように取り組んだのかを明らかにすることで、これからの日本社会の課題をつかむことができる。

第三に、戦後社会教育の実践と政策の展開を見ながら、社会教育の研究の蓄積がすすみ、「権利としての社会教育」が唱えられたことの意味を確認することが必要である。住民の自由な学習を保障することと政策的に住民の学習を取り込もうとする構造は、今日でもかたちを変えて存在しているにもかかわらず、そのような視点をもたない社会教育の研究が見られる。格差が拡大して生きにくさをかかえる人が増えている今日において、「権利としての社会教育」が追求したことを明確にしておくことには意義がある。

第四に、今日、新興国の多くが経済成長の中で環境問題や経済的な格差、社会的分断に苦しんでいる。またそれは、大国の世界戦略とも無関係ではない。このようなことを考えると、日本の高度経済成長と社会教育のかかわりを歴史的に整理し、新興諸国の経済発展と人権保障のあり方を考える素材にしてもらう必要があるのではないかと考える。

以上のことを念頭に置いて、本書では、高度経済成長期の社会教育の実践的・理論的課題をおさえるとともに、名古屋大学社会・生涯教育学研究室が取り組んできた共同研究と在籍した大学院生および研究室につながっていただいた方からの論稿で、地域社会教育実践史を描く。

第1章では、高度経済成長期の社会教育がめざした国民の学習権保障と社会教育がどのような構造をもっていたのかを論じる。そこでは、学習権保障を現実の社会構造の中で考えることを前提として、「学習の自由」がどのように課題になったのか、生活構造が変容する中で社会教育の課題はどう考えられたのか、青年期教育の差別的構造に対してどのような課題が提起されたのか、地域課題を学ぶ住民の学習と地方自治体の関係はどうだったのか、国際的に提唱された生涯教育をどのように受け止めようとしていたのかを明らかにする。

第2章では、地域と生活の課題を公民館でどのようにとらえたのかを、三つの「公民館報」を分析することで明らかにする。当時の「公民館報」は「村の新聞」の役割をもつことが多く、住民で編集部を構成して、地域課題にかかわる幅広い情報を発信していた。その分析を通して、団体活動やサークル、学級・講座に注目するだけでは見えない公民館における総合的な地域課題の発掘の様子を明らかにする。

第3章では、教育の差別的構造に立ち向かいすべての子ども・若者の豊かな発達をめざす教育福祉の視点から、青年期教育と親の学びを考察する。そこでは一つに、地域に根ざした職業教育の仕組みが産業構造の変化と後期中等教育の広がりの中でどのような道を歩んだのか、二つに、高校生と勤労青年の読書感想文に注目して「二つの青年期」がどのようにとらえられていたのかを明らかにする。そして三つに、勤労青年学級が職業技術の向上への期待と青年の主体性を求める力学の中でどのように展開されたのか、四つに、子どもをめぐる問題に関して性別役割分業が進む中で母親たちがどのような組織的活動を展開したのかを明らかにする。

第4章では、農業から工業に産業の中心が移り、生活構造が変化する中で、社会教育はどのような実践を展開したのかを明らかにする。そこでは一つに、農山村における地域開発がもたらす暮らしへの影響をめぐって住民と地域で働く人たちがどのような学習を組織したのかに注目し、二つに、文化創造と人権保障を求める住民の学習が今日にどう影響を与えているかを明らかにする。そして三つに、女性の社会的進出がすすむ中で性別役割分業と家庭教育をめぐる女性像を明らかにし、四つに、都市部において人びとの科学や技術への期待が高まる中でそれに応えた企業博物館の設置に注目する。

補章では、経済成長の道を歩むアジア諸国における社会教育の動向を紹介して、「経済成長と社会教育」をめぐるこれからの国際比較研究の視点を提示する。環境や格差の問題、中等教育の普及、高齢化、大国との関係などを視野に入れて、グローバル化する世界において社会教育が果たすべき役割を考える。

目次

第1章

国民の学習権保障と社会教育

1 「権利としての社会教育」の形成と構造

「権利としての社会教育」の背景

戦後の教育改革は、思想統制と国民精神総動員運動にかかわった戦前の歴史を反省して、「学習の自由」を重要な理念にした。教育基本法前文には、理想の実現は「教育の力にまつべきもの」と書かれ、民主主義や平和、人類の福祉への貢献ということであっても、性急に求めることが避けられている。また、教育の目的（第一条）や方針（第二条）については抽象的な記述にとどめて、教育現場の自由度を高めようとした。

しかしその後、占領政策の転換とサンフランシスコ講和条約以降のアメリカとの同盟関係の中で、「学習の自由」を後退させる政策が打ち出された。学校教育をめぐっては、一九五四年の教育二法の制定（「教育公務員特例法の一部を改正する法律」「義務教育諸学校における教育の政治的中立に関する臨時措置法」）、五七年の勤務評定の導入（文部省指導による都道府県教育長協議会の勤務評定試案）、五八年の特設「道徳」の設置（学習指導要領での「道徳時間」の設定）などが行われ、社会教育では、一九五三年の青年学級振興法の制定や五九年の社会教育法の改正などが行われた。

このような教育政策に対して、国民の反対運動が起こり、それは平和が脅かされることへの危機意識とも結びついて、学校や公的な社会教育の場だけでなく、地域や職場の中でも展開された。このような運動の中で、人間発達を促す自己教育が自由に行えることの大切さが自覚され、その自己教育が十分に行える条件整備を求める自己教育運動が盛んになった。また、学習はすべての人に保障されるべきものであるということから、困難をかかえた人への教育機会の保障も自己教育運動として追求されるようになった。このような自己教育と自己教育運動が盛んになる中で、そこにかかわった人びとの間で、一九六〇年代から七〇年代にかけて次第に共有されるようになった理念が「権利としての社会教育」である。

社会教育政策の改変と「権利としての社会教育」

社会教育における「学習の自由」をめぐって大きな議論になったのは、一九五三年の青年学級振興法の制定においてである。六三三制の学校制度にともなって青年学校が廃止されたが、新制高校はすぐには整備されなかった。そのようなことから、勤労青年の学習機会を拡大するために青年学級を推進する法整備が検討された。このことについて、日本青年団協議会は高校の整備を進めることが重要であると考えながらも、当面の措置として、青年学級が整備されることに一九五一年の大会で賛成した。しかし、法案が示されると、職業や家事に関する知識や技能、一般的教養を、上司の命を受けた青年学級主事から修得させられるのが青年学級であることが明確になった。そのようなことから、日本青年団協議会は五二年の大会では青年学級振興法の制定に反対した(1)。

また、一九五九年の社会教育法の改正をめぐっても大きな議論が起こった。問題を指摘されたのは、一つに、社会教育主事を市町村必置にするものの、その養成を大学以外での講習でも可能にすることであり、二つに、社会教育関係団体に補助金を支出できるようにすることであった。そして三つに、教育委員会に意見を出すべき社会教育委員が青少年教育に助言や指導を行うことができるようにすることであり、四つに、文部大臣や都道府県教育委員会が公民館に対して指導・助言に努めることになることであった。権力的な統制をかけることが容易な大学以外の講習で社会教育主事が養成され、補助金によって社会教育関係団体が差別的に扱われ、社会教育委員によって青少年教育が方向づけられ、国と都道府県の意向が公民館の運営に反映されるという点で、大きな問題をはらんだ法改正であった。(2)

このような社会教育の法制度だけではなく、自治体の中では、社会教育職員の「不当配転」も発生した。一九六四年に大阪府枚方市および富田林市で、住民の自己教育運動を支えてきた職員が異動を命じられ、労働組合が中心となって原状復帰を求めたが実現しなかった。このことについて、住民の生活に深く入り込む実践を展開する社会教育職員は、自治体労働者としても市民としても地域の民主化の先頭に立っているにもかかわらず、組織労働者の中に未組織な地域住民と共闘できるまでの力が育っていないことが課題とされた。そして、社会教育の行政と活動と国民の自己教育の矛盾の集中的なあらわれとして「不当配転」をとらえ、その「法則性・不当性を立証する」ために克明な事実の公表が必要であると指摘された。(3)

このような社会教育の法制度や体制の改変は、社会教育の唯一の月刊誌だった社会教育連合会の『社会教育』にも影響を与えた。文部省からの介入が一九五六年から激しくなり、五七年八月号で休刊になり、同年一〇月から新しい路線で再出発することになった。それに対して、国民の学習権を守る立場の月刊誌が必要とのことから、五七年一二月に『月刊社会教育』が創刊された。

『月刊社会教育』はその後「『月刊』ゼミナール」を開催し、読者の集いが各地に生まれた。そのような『月刊社会教育』の読者が中心となって、一九六一年に第一回社会教育全国集会が開催され、六三年に社会教育推進全国協議会が発足した。そして社会教育実践の交流を意義あるものにするために、①自分が取り組んでいるギリギリの実践を持ち寄ること、②実践の形態の多様性を認めること、③めざす方向性を明確にするために自分の姿勢を点検すること、④不当配転阻止の論点と理論を確立すること、⑤今日の大事な市民運動とは何かを明らかにすることが提起された。(4)

「権利としての社会教育」と「内在的な矛盾」

『月刊社会教育』や社会教育推進全国協議会には、社会教育の研究者も多く参加した。その中心にいた宮原誠一は、社会教育が国家権力によって社会改良のために組織された一方で、生活を守るために民衆の自己教育として組織されたことをふまえて、「歴史的なものとしての社会教育のなかには、この下からの要求と上からの要求が合流して混じりあっている」と指摘していた。(5)

また、「国家と教育」の観点から研究をすすめていた五十嵐顕は、国家的な期待が子どもと学校教育に寄せられているものの、その「規定要因として作用する『おとな』への働きかけ」が重要であることから、「教育にたいする公権力作用としての社会教育の行政・財政という問題をもってくることになる」と指摘した。(6) これと同じ立場から、津高正文は社会教育が労働運動や農民運動をはじめとする教育文化運動の代わりになれるわけではなく、社会教育は「側役のつとめ」を正しく果たすことが大切であり、そのために必要なことは、「まず、民間の自主的な社会運動・教育文化運動の敵対物としての性格を少しずつ洗いおとすことである。次に、可能な範囲で民間の運動のよき理解者となることである」と指摘した。(7)

このような指摘を受けて、小川利夫は宮原のいう「下からの要求と上からの要求」が単に「外在的な矛盾」となっているのではなく、「内在的な矛盾」となっていることを指摘した。「いわゆる社会教育行政（活動）が一定の法にもとづいて『国民の自己教育』運動に関与することを義務づけていく必然性をもっていると同時に、他方では、一定の法にもとづいて要請される社会教育行政（活動）の公共的機能は、それを担う政治権力の階級性との矛盾をさらに激化させていく必然性をもっている」。そしてそれは「いわゆる法概念としての社会教育のなかにもっとも形式的・抽象的に表現されざるをえない」と指摘された。[8]

社会教育における「内在的な矛盾」とは、強権的な力で民衆が服従させられるということではなく、「下からの要求」に応えているような法や制度をつくりながら、実のところ「上からの要求」が実現されていくということである。青年学級振興法の制定は、勤労青年の学習要求に応えるようでありながら、職業技術と道徳の側面から産業社会の底辺に組み込もうとするものであった。そして一九五九年の社会教育法改正は、社会教育主事の配置を増やし、社会教育関係団体に補助金を出すことで、住民の学習を発展させるように見えながら、大学以外の講習で資格を得た社会教育主事や団体の差別化によって、住民の学習が統制される。民主主義を標榜している法治国家であれば、このようなかたちで統制が行われることから、「権利としての社会教育」をすすめるためには、矛盾をはらむ社会教育の法や制度をその社会的背景も含めて考察しなければならないと考えられた。

「権利としての社会教育」と生存権的運動

「権利としての社会教育」は社会教育の法や制度、体制をめぐる運動的・理論的課題であるだけではなく、広範な民衆運動にもかかわることである。一九六〇年代以降、教育運動や労働運動、農民運動、住民運動、青年運動、婦人運動、母親運動、PTA民主化運動などが広がりをみせた。これらは、資本主義の発展のために強行される地域開発や産業構造の転換、子ども・若者の能力主義的選別、平和への脅威が根本的な問題としてあることを意識して取り組まれた。このような公的社会教育の外側で起きている生存権を求める運動の高まりが、公的社会教育の内側で起きている法や制度、体制の民主化を求める運動と呼応して、「権利としての社会教育」を実質化させることが展望された。[9]

さらに、「権利としての社会教育」は、社会教育と民衆運動にかかわるだけではなく、公教育の一環として学校教育ともかかわるものと考えられた。一九七〇年に出た家永教科書裁判の杉本判決によって、子どもの学習権を軸にした国民の教育権の法理が明確になると、「権利としての社会教育」は青年期教育の差別的構造にもつながるようになった。そこではまず、高校に進学できる学生と進学できない勤労青年の教育をめぐる差別的構造と、それらが能力主義的に編成されていることが問題とされた。その上でさらに、高度経済成長政策の下での開発政策によって、子ども・青年を含む人びとの労働・生活・文化環境が破壊され、不安定層が増大する中で、国民教育にふさわしい教育の内容と制度、主体を立ち上げる必要があると指摘された[10]。

そして、日本社会教育学会では、学会創設三〇年の段階での社会教育研究の到達点として「権利としての社会教育」を位置づけ、今後の課題を提起している。そこでは、働く成人の自己教育が生存権的な課題を含むものであり、成人教育では「学習の自己指導」である「自己教育」が重要であり、子どもの教育においても生活空間との能動的なかかわりの中で「自己教育」が成立することを明らかにすることが、教育学の重要な課題であるとされている。そしてそのことを、アジア太平洋地域の民衆の生存権保障とかかわせるとともに、「不安の時代」における科学や文化のあり方を明確にすることが必要であると指摘さた[11]。

そして今日、「権利としての社会教育」は、「生涯にわたる人間発達を担う教育・学習活動が、現代の人間の基本的人権を護り豊かにする上で不可欠なものであると捉え、その自由と権利の擁護を軸に社会教育を理解する考え方」と定義され、それは単に自主的な学習が保障されるという意味ではなく、「現実生活を豊かに拓いていく文化的教養を主体的に獲得していく学び」が社会教育の本質であるととらえ、その「人権性の理解」が広がる中で探求されるべきものであると指摘されている[12]。

2　生活構造の変容と社会教育

農村と都市の地域課題への科学的アプローチ

高度経済成長は、日本の産業構造を農業中心から工業中心に転換し、農村から都市への急激な人口移動を起こし、人びとの生活構造は大きく変わった。

農村では、青年が都市に流出するとともに、農村に残った青年も地域への帰属意識が弱まり、青年団活動は行き詰まりを見せた。また、女性も賃労働に従事するようになると、公民館での講座から足が遠のくようになっていった。それに加えて、国土美化運動や新生活運動、貯蓄推進運動などの官製的な取り組みが加わると、社会教育実践が人びとの切実な生活課題から逸れる傾向が見られるようになった。しかし、農業基本法体制の下で規模の小さな中山間地域の農業問題は深刻であり、それぞれの地域にあった農業経営とそれを支える農政を学ぶ青年の学習が展開されるようになった。また、農業をしながら賃労働に出る農村女性の間では、健康や子どもの教育をめぐる問題を自覚し、学習が展開されるようになっていった。このような青年や女性の学習は、公民館で取り組まれることもあれば、民間団体で取り組まれることもあったが、いずれせよ、それらは農村で暮らす人びとの生活を生存権的な立場から組織しようとするものであった[13]。

一方都市では、人びとは自由に行動することができ、労働者としての意識が高まる一方で、人びとが孤立・分散化する傾向が見られた。そのような中で政策的には、「勤労青年教育」や「家庭対策」「地域対策」が強く出され、民衆の側からは、「生活防衛」や「国民主体の形成」という視点が強調された。また、都市に固有の条件として、成人学校や大学公開講座、文化講演会といった教養主義的な学習機会や、生活技術的な消費者教育や良妻賢母的な家庭教育学級も推進されることになった。このような中で、都市の生活現実の「虚像」に気づき、生活現実に根ざした社会科学の学習の必要が指摘され、そのための有効な方法として「生活記録」が提唱された。(14)

農村と都市にはそれぞれ特徴的な社会教育の動きが見られたが、一方で、高度経済成長が農村と都市を結びつけて推進されるものであれば、そのことを意識した社会教育実践のとらえ方も求められる。その点では、一九五七年から発行された『月刊社会教育』によって多くの実践が紹介され、その中から特徴的な実践を集めた『戦後社会教育実践史』（全3巻、民衆社、一九七四年）が刊行されたことの意義は大きい。そこでは、生活構造の変容にともなう社会教育実践の課題が、①住民自治をきずく社会教育、②社会教育民主化と職員のたたかい、③部落解放の社会教育を、④ふくらみをます学習運動、⑤生活記録運動の展開、⑥主権者を育てる労農学習運動、からとらえられている。そして、各自の生活を見つめて語り合う共同学習を基礎にして、生活上の課題を科学的にとらえる農民大学や市民大学が組織され、生存権的な課題を住民運動として展開する中で学習が位置づけられることが特徴となった。それに対して、学習運動の勢いを防ぐために、社会教育職員の不当配転が行われたことを忘れてはならないと指摘されている。(15)

社会教育学習内容論の提起

社会教育が共同学習から脱して課題を科学的にとらえようとすると、学習内容の編成が課題になる。そこでは、学習者の認識の変容過程を社会的な条件から切り離してそれ自体を明らかにしようという主張も見られたが、学習主体である住民の生活実態と学習を保障する条件、そして歴史的な視点に立った国民的な課題とのかかわりを抜きにしては、空想的なものになると批判された。

現実生活の中にある学習課題をどのように編成していくのかが社会教育実践の課題であり、「学習は、生活即学習や問題解決学習とは、異なって、生活現実の即効的な解決や、即自的理解を目的とするものではない。具体的現実的諸問題の系統的な追究、諸科学の成果とそれとの系統的なつきあわせを、学習＝『歴史化的認識』の第一歩とするのである」と考えられた。したがって、そこでは「科学と生活の結合による学問の問いなおし」を含む「高次の共同学習」が求められ、その動きは信濃生産大学や名古屋市成人学校、国立市公民館、志布志湾公害反対運動などの中に見られると指摘された[16]。

また、大企業が中心となってすすめる地域開発のための連絡調整を柱とした一九六〇年代前半の「総合社会教育」政策に対抗して、地域と生活現実を住民が主体となって学ぶ取り組みが革新自治体で取り組まれるようになった。京都府では一九六七年から社会教育事業として「ろばた懇談会」を開設して、住民と行政職員と研究者が学び合う取り組みが行われた。そこでは、一方的に住民活動に期待が寄せられそうになる問題や、課題解決に関心が向かって人びとの学習や意識変革に目が向かいないという弱さもあったが、住民が地域課題を語り、行政からそのことにかかわる情報が提供され、助言者から課題の本質に迫る視点が出されることで、「科学と生活の結合」がめざされた[17]。

このように考えると、住民の生活とは何か、そしてその権利性が問われなければならない。当時の法学で「住民の生活権」は、生産や消費とは相対的に独立した「居住を中心とする生活」に絞った権利であり、「生活権」と「住民権」で構成され、前者には「生活手段の権利（土地、住宅、交通など）」「生活環境の権利（公害、日照、都市計画など）」「生活保障の権利（広義の社会保障など）」「文化的生活の権利（公教育を受ける権利、地域社会の社会教育の権利）」が含まれ、後者には「選挙権」「行政をコントロールする権利（監査請求権など）」「行政に参加する権利」「その他地方自治法上の住民の権利」が含まれると考えられていた。この中に、「地域社会の社会教育の権利」が含まれていることは重要であるが、それが「公教育を受ける権利」とは別のものとして扱われていることに加えて、「文化的生活の権利」の中に押し込まれていることへの疑問が呈されている。住民運動が学習的側面をもち、それぞれの権利を求める動きをつくるものであることから、学習は「生活権」と「住民権」の全体にわたって位置づけられなければならないと主張された。(18)

不安定層の増大と「人間の解放」への社会教育

高度経済成長期に住民の生活権が問われたのは、所得が増加して家電製品が家庭に入り進学率も上昇したが、さまざまな生活上の問題が発生したからである。乱開発や公害による被害はもとより、農村では農業基本法体制の下で小規模の農業の継続が難しくなり、農業と賃労働の両方を担って女性の健康が蝕まれ、都市では生産性の向上が至上命題となって、人びとはそれに従うことになった。そしてそれは、学校教育にも及び人的能力主義にもとづく激しい受験競争を生み出した。

このような中で、日本社会教育学会では、はじめて設定する年報のテーマを「社会教育と階層」とし、学習や文化活動に参加しない人に注目して、時間帯や場所だけでなく学習の目的や方法を抜本的に改善することが必要であると指摘された。(19) しかし問題は、核家族化や賃労働者化がすすむことで、古典的な貧困とは異なる「新しい貧困」が広がり、それは一見豊かになったように見えながら、不安定な生活が中間層にまで及んでいることである。貧困研究の中で浮き彫りにされたそのような問題をふまえて、社会教育を組み立てる必要が指摘された。(20)

このようなことから、困難をかかえた人に注目することが社会教育の研究として盛んになり、社会教育実践の方向性を示唆する役割を果たした。見せかけの行事ではなく住民の悩みや願いに応えることが大切であることや、それをすすめる自己教育が注目され、政治的な力に対して「民主化」の実現が提起され、社会教育職員の専門性が主張された。それに関して、本質的な課題として、社会教育が歴史的にもっている「国や地方公共団体の公共的な教育機能とそれを担う政治権力の階級性との矛盾」についての理論構成が必要であると指摘された[21]。

それはやがて「権利としての社会教育」の限界とも理解されるようになり、一九八〇年代に入って、「人権としての社会教育」の試論が提起されることになる。国際的な人権の視点に立つと、「自らを解放せんとする者」が主体性を発揮して集団的な運動を起こし、そのネットワーク化がはかられることが求められている。それを社会教育の実践と研究として具体化すると、一つに、現代社会における人間の解放の課題として「貧困」「差別」「障害」があり、めざす方向として「平和」「連帯」「自立」が考えられる。そして二つに、そのような解放を求める動きに対する国や自治体の反応に注目し、三つに、解放を求める社会教育に固有な発展の筋道を明らかにして、そのことで社会教育にかかわる人びとの教育観を鍛え上げていくことが必要であると指摘された[22]。

3　青年期教育の差別的構造と教育福祉

「二つの青年期」の変容

生活構造の変容、その中での不安定層の増大という問題が、集中的にあらわれるのは青年期においてである。

産業社会は若年労働力への関心を高め、学校教育にその選別を期待し、賃労働者化した青年たちを厳しい状況に追い込んだ。

戦後の教育改革で中学校までは義務教育になったが、それ以降は進学できる青年と働く青年に分かれる。生産労働にかかわることなくもっぱら学ぶ学生がいる一方で、終日働き続ける農村青年や都市勤労青年がいる。そのことをとらえて、生産労働と結びついていない学習にも、知的生活から切り離されている労働にも問題があるとして、「精神労働と肉体労働の統一」が必要であると主張された。しかし、資本家と労働者を分離することで成り立つ資本主義社会では、青年期においても精神労働と肉体労働を分離することが強固に行われた。このようなことから、「二つの青年期」に注目して、生産労働にかかわらない高校の学習と、科学的に考えることのない農民および勤労青年の学習の双方を改革することが構想され、そこで焦点化されたのは「学校的形態と非学校的形態の統合」ということであった[23]。

ところで、高度経済成長期には、高校進学率の上昇とともに、青年を取り巻く文化状況の平準化がすすみ、学生と働く青年の特徴が不明確になっていくということもあった。このことは、「二つの青年期」が解消されたと考えることもできるが、「『二つの青年期』の自己否定的接近」ともとらえられた。そこでは、文化的・思想的に学生が学生らしくなくなり、働く青年が働く青年らしくなくなるということだけではなく、「両者の生活感情や精神状況そのもの（いいかえるなら、青年風俗としての思想状況そのもの）が、ますます奇妙にもある種の共通した壁につきあたらざるをえなくなることを意味する。現代の青年期における人間疎外の状況は、この意味においてかつてとは比較にならぬほど矛盾を深化させている」と指摘された[24]。進学率が上昇する中で進学できない青年の不利な状況が顕著になり、進学した青年たちも過酷な競争の中で人間らしく生きることを妨げられるという状況が生まれた。そのような「青年期の資本主義的性格」が露わになる中で、「『二つの青年期』の自己否定的接近」が起きていると考えられた。

後期中等教育の再編をめぐる拮抗

高度経済成長期には、産業構造の転換にともなって、若年労働力を選別するために教育への期待が高まり、一方で、賃労働に従事する青年労働者とその家族にとっても教育は大きな関心事になった。このような中で、高校の能力主義的多様化をすすめる教育政策が出され、それに対抗して、日本教職員組合は高校三原則にもとづく高校全入運動の推進を提唱した。

教育政策としては、一九五八年の学習指導要領改訂を契機に「進路指導」が公然と行わることになり、能力主義にもとづいて子どもたちの進路を決める方向性が固められていく。また、六三年に経済審議会答申「経済発展における人的能力開発の課題と対策」が出され、六六年には中央教育審議会答申「後期中等教育の拡充整備について」とその別記である「期待される人間像」が出された。そこでは、能力主義的な管理によって、少数のエリートを効率的に選び出す一方で、非エリートには細分化された職業能力と道徳的な価値観を植え付けることがめざされた。このことは「高校多様化政策」につながり、顕著な例として、富山県で普通科高校と職業科高校の割合を三対七にし、普通科高校は進学コースと就職コースに分け、その上に理数科が設置され、職業科高校には仕事に直結する二〇〇におよぶ小学科が設置された。また、七一年には「中高一貫学校の先導的試行について提言」が出され、六年一貫教育を行う公立学校の設置が示唆された。

このような状況に対して、日本教職員組合は、一九七〇年の大会で、後期中等教育から一部の子どもを締め出し、その上で高校を産業界の要請に応えて多様化するのではなく、すべての子どもの教育保障を主張した。そこでは、高校三原則である「総合制」「男女共学」「小学区制」にもとづく高校全入運動をすすめ、それは差別に苦しみ困難な生活を強いられている人びとの人間的な尊厳を守ることと結びつかなければならないとされた。国民の労働と生活に根ざす新たな学習・文化要求に応えられる教育体系をつくることがめざされ、生涯学習にまで視野を広げた学校教育改革の議論が展開された[25]。

また、進路指導をめぐっては、学業成績による振り分けではなく、一人ひとりの子どもの人生選択の課題としてとらえる必要が指摘された。教育の実践と理論として進路指導を考えるために必要なことは、一つに、学習する権利が十全に保障される教育制度を充実させることであり、二つに、職業選択の自由や働く権利を保障する社会や労働のあり方を整えることであり、三つに、幸福を追求する権利を実現するための生育史的な視点をもつことであると指摘された[26]。

教育福祉の提唱と教育全体の改革

高校進学率が上昇する中で、そこから締め出されている青年の不利な状況が顕著になり、進学できた青年にも能力主義的な厳しい選別が待っている。そのような中で提唱されたのが、人間発達をめざす教育と生活基盤の安定をはかる福祉の両方を統一的にすすめようという「教育福祉」である。教育福祉の考え方は、家庭や地域での生活を視野に入れない学校教育への批判であるとともに、子どもの可能性を十分に伸ばすことに消極的な社会福祉への批判でもあった。

そこではまず、夜間中学が注目され、それを不就学や長期欠席とかかわらせてとらえる必要が指摘されている。不就学や長期欠席になる理由は家庭の貧困や周囲の無理解であること、また、夜間中学に通えるようになった理由は雇主に理解があったことや家庭に若干の余裕ができたことであることが明らかにされた。このように、高度経済成長の中で高校進学率が上昇しても、貧困な環境で義務教育すら修了できない子ども・青年の存在が示された(27)。

次に、高校に進学できなかった子ども・青年の自己形成への関心から、郷里から離れ、低賃金で働き、孤独になりがちな中卒集団就職者の追跡研究がなされた。その結果、職人や技能労働者は独立して店をもつ展望を描き、単純労働者は労働組合に結集して働き続けることをめざし、女性を中心に郷里に帰って結婚するという道があることが見出された。このような人生行路を歩もうとする都市勤労青年に対して、公的社会教育はどのような青年期の教育を提供すればいいかが検討された(28)。

さらに、高校に進学できない問題として、児童養護施設で暮らす子どもが注目された。そこでは、入所までの過程で生活に困難があったケースが多く、不安定な状態で退所していく実態をとらえて、貧困な状態が世代的に再生産されていることが指摘された。そして、高校進学率が上昇しているにもかかわらず、「劣等処遇」の原則を当てはめて、限られた子どもにしか高校進学が認められないことに対して、教育福祉は教育権保障の観点から改善を求めた(29)。

教育福祉はこのように児童福祉分野で教育権保障を求めたことによって、進学にかかわる問題だけではなく、さまざまな課題があることを示した。幼稚園と保育所の関係、教育扶助と義務教育無償化、発達保障と障害児教育、貧困とへき地教育、非行少年の更生と教育、職業訓練と人間発達など、社会的生存権として教育と福祉の結合を求める議論が展開されることになった(30)。

このような教育福祉は、一つに、高度経済成長にともなって不安定層が増大していることに注目して、これが困難をかかえている子どもの教育の問題だけではなく、すべての子どもの教育を考えることにつながると考え、二つに、その不安定さは「貧困」「差別」「障害」というかたちであらわれ、解決の方向として「平和」「解放」「発達」という課題が設定された。そして三つに、教育福祉が課題とすることは、歴史的に「文政型」「恤救型」「行刑型」の児童観が存在してきたことに起因し、「文政型」の児童観にとらわれている学校教育に対して、社会教育は三つの児童観を結びつけ、教育全体に変革をせまるものであると考えられた。(31)

4　地方自治をつくる住民の学習と公務労働運動

自治体における市民運動と社会教育

地域開発よって生じる地域課題に対して、文部省は社会教育が一般行政と連携して事業を行うことを求めて、総合社会教育計画を提唱した。それは教育行政の独立性を担保するとはいうものの、農業基本法にもとづく農業構造改善事業や工場誘致を軸にした総合開発政策がはじまると、住民の学習がそれに従属することにもなった。

このような中で、一九五九年に鳥取県倉吉市で「自治公民館」が提唱され、「区」と地区公民館を一体化して事業がすすめられることになった。このことは、地域課題をめぐって住民の学習と活動が統合される仕組みとして評価される一方で、(32)地域の民主主義的な運動と連動することがなければ、公民館が行政と「区」に支配されることになるとの批判がなされた。(33)

このように、地域課題を学び地域づくりをすすめることと民主主義的運動とのかかわりが課題となる中で、一九六三年に大阪府枚方市の社会教育委員の会が「社会教育をすべての市民に」(枚方テーゼ)を発表した。そこでは、①社会教育の主体は市民である、②社会教育は国民の権利である、③社会教育の本質は憲法学習である、④社会教育は住民自治の力になるものである、⑤社会教育は大衆運動の教育的側面である、⑥社会教育は民主主義を育て、培い、守るものである、とされたが[34]、その背景に、地域に多くの市民運動があったことを見落としてはならない。母親大会の開催や府立高校の誘致、文化会館や保育所の設置、安保共闘などの運動があり、それらが結集して「枚方地域民主主義研究討論集会」や「憲法を守る市民集会」が行われていた。それに加えて、市民運動に市の労働組合も参加して、公務労働者として自治体を民主化する取り組みを展開していたことも忘れてはならない[35]。

公務労働運動と社会教育

枚方テーゼでは、社会教育は大衆運動そのものではなくその「教育的側面」と考えられ、さまざまな学習の行きつくところは「憲法学習」とされている。したがって、生活課題や地域課題がそのまま学習課題になるわけではなく、学習課題に転化する過程が重要であり、それをすすめる職員の力量が求められた。そこで必要なものは、関係醸成能力、組織能力、学習内容編成能力、学習展開能力などであるが、それらを住民の立場で駆使できることが大切であると指摘されている。とりわけ、課題を社会的・歴史的にとらえず、便利な生活情報を提供することが社会教育と考える政策的な動きがある中で、学習を支援する職員が「内なる官僚制」を自覚して、実践に取り組むことが必要である。そのように考えると、住民の幸せと自らの仕事を結ぶことを追求する革新自治体における社会教育労働に期待がかけられた[36]。

社会教育労働については、一九六五年に長野県飯田・下伊那主事会が発表した「公民館主事の性格と役割」（下伊那テーゼ）で鋭い指摘がなされている。この地域の農業は大規模経営と機械化をすすめる農業基本法体制のもとで切り捨てられようとしている上に、大規模水害の復旧の日雇いや誘致された工場で働くことも増えて、これからの暮らしについての難しい選択を迫られていた。そのような中で、公民館主事集団が社会教育の本質を明確にした上で、社会教育労働のあり方を提案した(37)。公民館の仕事を「歴史の流れの中で、より人間らしく生きぬこうとする人間をつくっていく」ことととらえ、そのために、公民館職員は「教育の専門職」であるとともに「自治体労働者」として、「働く国民大衆から学んで学習内容を編成する」とともに「社会教育行政の民主化を住民とともにかちとっていく」ことに取り組まなければならないとされた(38)。

また、福岡では三井・三池の激しい闘争の中で、労働組合員としてどう生きるかが厳しく問われ、それは社会教育の職員にも無関係ではなかった。福岡市の田岡鎮男は、一九五五年に嘱託職員として公民館で働きはじめてから一貫して、住民の小さな願いをすくい上げる実践を展開するとともに、公民館主事の正職員化と自主的な職員集団をつくることに力を注いだ。「歯牙にもかけられなかったり、逆に切り捨てられたり、時には見落とされたりし勝ちな社会教育のホンモノのすがたを、この貧しい掌ですくい取ろうとするならば、それはやはり『かたすみ』に理念の波長を届かせなければ駄目である」と述べ、社会教育の本質に迫る基点はそこにあるとした。住民の暮らしを脅かす貧困、飢餓、疾病、文盲、差別、自然破壊、環境汚染、生産阻害、労働圧迫、非安全、戦争、核、教化等に向き合うことができる公民館職員の生き方は、「玉虫色の顕示性を巧みに利用する」旧中間層およびそれに追随する公民館職員との間で、常に緊張関係にあったという(39)。

公民館の現代化と市民大学構想

社会教育は地域課題や生活課題と結びつきながらも「大衆運動の教育的側面」であるという枚方テーゼの提起や、歴史の流れの中で人間らしく生きることを求める下伊那テーゼの提起には、単なる話し合い学習ではなく、そこに社会科学の学習を絡ませることが想定されている。住民の学習がこのような現代的な様相をもつ中で、公民館を市民大学に向けて発展させるという考えが浮かび上がってくる。

そう考える端緒になったのは、兵庫県芦屋市で見られた市民会館の機能を公民館がもつということであったが、それは、地域課題から切り離された教養主義的な学習になることが懸念された。そこで次に、兵庫県西宮市で取り組まれていた学級・講座と行事が組み合わされることが注目された。前者は成人学校や市民大学、PTA学級、婦人学級・青年学級・青年大学などであり、後者は青年祭、市民文化祭、コーラス大会であるが、ここには「学級から小集団へ」という学習の構造化があり、「市民及び市民の学習要求をさらに徹底的に掘り下げるだけでなく、それらを組織化された力にまで転化する」ことに期待が寄せられた[40]。科学的な学習を行う比較的長い学級・講座と、そこで学んだ住民が小グループでさらに学習を深め、活動にも参加するという市民大学のかたちが構想された。

このような公民館を市民大学として考えることは、「新しい公民館像をめざして」（三多摩テーゼ）の「私の大学」という表現に引き継がれた。三多摩テーゼは、一九七四年に東京都教育庁社会教育部が三多摩社会教育懇談会の議論をふまえて発表したものである。公民館の役割、運営の基本、職員の役割を総合的・理想的に提起しているために、生活から遊離していると受け止められることがあるが、冒頭に「東京・三多摩の激動する都市生活のなかで、今日新しく、住民のための公民館が、住民自身によって、しんけんに求められています」と書かれていて、都市化の中での生活課題に向き合う住民運動を見据えて提起されたものであった[41]。

三多摩テーゼでは、①公民館は住民の自由なたまり場です、②公民館は住民の集団活動の拠点です、③公民館は住民にとっての「私の大学」です、④公民館は住民による文化創造のひろばです、と公民館の役割が整理されている。「集団活動の拠点」は孤立した個人をつなぐことを意識したものであり、「文化創造のひろば」は公害や自然の保護、教育をよくする取り組みなども含んだ言葉だとされている。そして「私の大学」については、「事実資料をまとめる段階で『既成大学のイメージを与える』『教養主義的』等の発言もありました。しかし、大学は科学の成果を尊重し、真実を追求しながら新らしい価値を創造するものと意味付けし、公民館はその役割を欠かせないとしたわけです」と述べられている。[42] 地域課題や生活課題に注目しながらも、どのようなものでもどこまでも深く探求できる大学のような機能をもつことが公民館のこれからのあり方と考えられた。

このような三多摩テーゼの考えは、勤労青年学級の構想としても取り入れられた。東京都三鷹市の勤労青年学級では、生活と社会を見つめて文章を書き、それを発表するとともに、課題を克服するために必要な科学を学びながら「真の仲間づくり」をすすめていた。このことが大正期の自由大学運動と重ねられて、「真の学問の国民化」につながる「地域青年自由大学」に発展させることが構想された。[43]

5　生涯学習の国際的動向と日本の社会教育

教育改革の原理としての生涯教育の提唱

国際機関で生涯教育に関する議論が交わされたのは、一九六五年のユネスコ成人教育推進国際委員会がはじめだといわれている。そこでは、人間は生涯にわたって学ぶことが大切だという一般的なことが提起されたのではなく、新しい教育システムとして生涯教育が構想された。フランス人であるP・ラングランが中心となってまとめられた報告書では、「人の一生という時系列にそった水平的次元と、個人および社会の生活全体にわたる垂直的次元の双方について必要な統合を達成すべきである」とされている。(44) 年齢やライフステージで分断されている学習を統合することと（水平的次元の統合）、学校と地域・職場をつなぐ教育システム（垂直的次元の統合）をつくることことを意味する生涯教育が、教育全体を改革する理念として提案されたのである。

このような生涯学習の提案は、一九四九年のユネスコ第一回国際成人教育会議で議論の中心だった教養を高めることを目的とした成人教育が、六〇年の第二回会議では、成人基礎教育や職業訓練に力点が移ったことともかかわっている。また、一九五〇年代後半からヨーロッパ各国の労働者代表の声を受け止めていたＩＬＯの議論とも交錯していた。一九六五年のＩＬＯ総会で「有給教育休暇」が決議され、「種々のタイプの有給休暇」として「地域社会の一員として責任を果たす」あるいは「追加教育訓練」のために有給の休暇が取得できることになった。その後、ＩＬＯは「労働者代表勧告」を採択し、二度の総会での議論を経て、一九七四年に「有給教育休暇」の条約と勧告を採択した。そこでは、職業訓練や労働組合教育に限定されることなく、労働者が自らの教育要求にもとづいて学ぶことを公的に保障する「労働者の教育への権利」が認められている。ユネスコの生涯教育は、このような労働者の権利を国際的に承認することとも連動して提起されたのである。(45)

日本における生涯教育の受け止め

ユネスコで提起された生涯教育の考え方について、日本の教育政策では反応が鈍かった。一九七一年の社会教育審議会答申「急激な社会構造の変化に対処する社会教育のあり方について」で、ライフステージごとの社会教育の課題をあげ、同年の中央教育審議会答申で、学校教育と社会教育の連携の必要が唱えられたものの、八一年の中央教育審議会答申「生涯教育について」、さらには八〇年代半ばに臨時教育審議会で議論されるまでは、政策的に大きく展開されることはなかった。

しかし、一九六〇年代の教育の実態を見ると、勤労青年学級や成人教育が中途退学者や就職難に苦しむ青年に教育機会を提供していた。このことから、精神労働と肉体労働に分離されている青年期とその教育的なあらわれである「学校教育と成人教育という『教育の複線型体系』」を根本的に見直し、統合する必要があると指摘された。(46)

また、日本教職員組合はＩＬＯの有給教育休暇に注目し、それが職業訓練だけに適用されるのではなく、市民教育や労働組合教育も含めて労働者の全人的な発達にかかわるものであることに注目して、「地域と職場の学習文化活動をどうすすめるか」を検討した。(47)それは高校三原則にもとづく高校全入運動によって、差別的な学校教育体系の改革をめざしてきた教職員組合が、生涯教育の観点から、学校と地域・職場の連携を考え、生徒が卒業した後のことを考えるという点で重要な動きである。

人びとの解放に結びつく生涯学習

ユネスコの生涯教育の議論は、一九七〇年代に入ると、社会的な排除を克服しようとするものになっていく。七二年の第三回ユネスコ国際成人教育会議では、知識や情報の不平等を問題にし、それは形式的に学習機会を拡大するだけで解決するものではなく、学習の目的や内容、方法を含む総合的な検討が必要であるととらえられた。そして「もっとも教育を必要としている成人が、これまでもっとも無視されているのである」として、「忘れられた人びと」への重点的な施策の必要が指摘された。そしてそれは、学習は「なりゆきまかせの客体から、自らの歴史をつくる主体にかえていくものである」と謳う一九八五年の第四回国際成人教育会議での「学習権」の宣言につながっていく。

このような動きの背景には、国際的には南北問題が深刻になり、一国の中でも経済的な格差が広がっていることが無視できない状況になってきたことがある。そしてその時期に、Ｅ・ジェルピがユネスコの生涯教育の責任者になった。ジェルピは国内に南北格差をかかえるイタリアの出身であり、また、Ｉ・イリッチの『脱学校の社会』（東京創元社、一九七八年）やＰ・フレイレの『被抑圧者の教育学』（亜紀書房、一九七九年）が注目される中で、生涯学習は人びとが解放されるために貢献することもあれば、解放を求める人びとを抑圧する可能性もあると考えた。その上で、生涯学習は一方的に知識を与えられるものでもなければ個人の孤独な学びでもなく、社会参加をともなった共同的な学習である必要があり、それを「自己決定学習」と呼んだ。それは、「新しい生活のなかで発展する学習のシステム」であり、教育運動を展開する実践者や生きた文化を表現する教育者、そして労働条件の改善を求める労働組合が変わるための教育活動として提起された(48)。

このような国際成人教育会議の動向とジェルピの考えが日本で知られるようになる中で、一九八七年に全日本自治団体労働組合大都市教育支部連絡協議会と日本社会教育学会有志でジェルピを日本に招聘した。東京、川崎、大阪、福岡、沖縄で内容の異なる講演が行われるとともに、そこで解放への学習を行っている関係者との懇談もなされた。そこでは、「ｆｏｒ（……のため）よりもｂｙ（……による）の問題をもっと重視し、具体化していく必要があるということ」すなわち「変革の主体の形成が第一義的な問題」として提起されたことが特徴的であった(49)。このようなジェルピとの交流は、高度経済成長にともなって新たなかたちで起きる人びとと生活の困難に向きあってきた社会教育の関係者に確信を与えることになった。

6 「国民の学習権保障と社会教育」の研究方法

形而上学批判と社会教育実践への注目

「国民の学習権保障」の背景には、それを阻害する政策的な流れと、中立を装いながら結果的に政策に追従する実践や研究があらわれてきたことがある。そのことから、社会教育における国家からの要求と民衆からの要求の「内在的な矛盾」をとらえることの必要性も指摘された。

このような社会教育の考え方の根本にあったのは「形而上学批判」であった。形而上学とは、事柄のあるべき方向を時間的・空間的な条件を考慮せず、理想的・超経験的に解釈することであり、したがって、事柄の歴史的・弁証法的な展開に注目しないことを特徴とする。「国民の学習権保障」の立場から社会教育研究を展開した小川利夫は、形而上学が社会教育研究にも見られることを次のように指摘している。[50]

あらゆる形而上学者の基本的な特長は、究極において彼等が「神」を対象とし、「愛」の力による人類の解放をとなえ、科学的な認識のかわりに、美辞麗句にみちた「明日への待望」について語りあかすところにある。

現在アメリカの代表的な社会教育学者の一人であるレイマン・ブライソン（Lyman Bryson）およびわが国におけるブライソリアンの特に社会教育本質論は、このような意味において、多かれ少なかれ、形而上学的であると思われる。なるほど、そこでも科学的な認識は一応前提とされる。しかし、家庭の破壊、学校教育の不十分さ、社会の非教育的な機能云々という、それ等の科学的な認識は、結局、未来世界への橋渡しとしての社会教育に課せられた「かがやかしい使命感」のなかへ解消してしまう程度のものでしかない。

（中略）実践の指針となりうる社会教育の基礎理論を究明するために、いまわれわれにとって基本的な問題は、このようなもろもろの「形而上学的解釈」ではなく、資本主義社会における教育一般の合法則性のもとに、社会教育がどのような位置を占め、どのような性格をになってきたかという問題である、と私は考える。

この指摘の中で、社会教育の研究における三つの傾向への警鐘が鳴らされているように思われる。

一つは、社会的な力学をふまえずに社会教育の政策や計画を理想的に提案することや、現実の制度・政策の流れをふまえずに成人の学習の一般特性や立場の異なる人が出会える場のあり方を明らかにしようとすることへの警鐘である。高度経済成長期の社会教育実践は、住民の立場に立てば開発政策をすすめる行政を批判することになり、その後も行政との関係では厳しい状況が続いている。そのようなことから、社会的・政治的な流れと切り離して、理想的な社会教育の仕組みや学習支援の方法を描いてみることや、人と人との関係がどのようにつくられるのかに注目する志向が生まれる。しかし、そのように提案された仕組みや開発された学習支援方法は、戦時体制下でそうされ、今も民主主義が破壊される時にはそうされるように、容易に権力的に都合がいいように修正されて使われる。また、立場の異なる人と出会って共生感覚がもてるようになったことのみに注目すると、それまで共生感覚をもてなかったことが個人の問題とされ、社会構造の中でつくられている分断を許し、マイノリティの人権保障をすすめることを阻害することになりかねない。

二つは、地域の課題や社会教育実践から切り離されたかたちで、理想的な社会教育の制度や政策を思い描き、現状の制度や政策を批判することに警鐘が鳴らされている。悪い制度が社会教育実践に悪い影響を与えることを考えれば、研究者が制度を批判することは必要である。しかしそれだけであれば、政策を動かす国民運動が起きるか、政権交代を待つしかない。制度・政策と実践の間に矛盾があり、そこで苦悩しながら実践がどのような見識をもち創意を発揮しているのかに注目して、社会教育実践史研究を積み上げていく必要が指摘されている。

三つに、社会教育実践に注目したからといって、形而上学から逃れられるわけではないという警鐘が鳴らされている。たとえ、地域課題や人びとの人権にかかわる社会教育実践に注目しても、それが「『かがやかしい使命感』のなかへ解消してしまう程度のもの」であれば、形而上学的な研究になってしまう。筆者は社会教育実践に注目して研究をすすめ、近年その方法を提示することも試みたが[51]、このような指摘がなされていたことを思い出すと、もっと探求するべきことがあったかもしれないと考えるところがある。

社会教育には人びとの主体的な判断が働き、単純に社会に基底されると考える研究はよくないが、人びとが社会・歴史の中で生きているのも事実であり、それを無視た研究もよくない。このことは、高度経済成長期にその時の固有の課題があったのと同じように、その後の低成長・経済大国期や今日の格差拡大期にも固有の課題がある。社会教育を規定するこのような具体的な歴史的条件を認識することで、同じ主張を繰り返しているわけではない、新たな研究成果を生み出すことができると考える。

地域・職場の学習文化運動と学校改革

「国民の学習権保障」として社会教育をとらえるということは、学校教育とは別の教育制度として社会教育も整備しようということではない。産業界からの要請にこたえて学校が能力主義的な選別を行っていることを批判的にとらえ、学校教育と社会教育を再編成して「精神労働と肉体労働の統一」をはかろうとするものであった。そして、ユネスコが提起した生涯教育も、ＩＬＯが定めた「有給教育休暇」も、学校教育と社会教育の再編成を求めるものであった。

このような指摘で学校教育が能力主義的な選別をやめることはなかったが、一九八〇年代半ばの臨時教育審議会の議論で様子が変わった。アジア諸国の技術力が向上してくる中で、大学受験をゴールと考える受験競争で得られる人材では立ち行かなくなると考えられ、「教育の自由化」と「生涯学習体系への移行」が提起された。大学生や社会人が学び続ける仕組みをつくるとともに、そういう社会に出ていくための高校までの教育のあり方が検討されることになった。

このことは、学校教育と社会教育の再編成につながることである。しかしそれは、大学受験の上に積み上げられる新しい能力主義的な選別機能という側面が強く、人びとの全人的な発達を保障する側面は弱い。このように考えると、「学校と地域の連携」の課題として力を入れて取り組まれているコミュニティスクールや学校支援本部事業に対して、住民が善意だけで協力することに注目した研究は、形而上学的なものになりかねない。

しがたって、学校と地域の連携を考える場合には、既存の学校教育への批判意識をもつことが必要である。その点で、学校教育から排除され当事者団体や地域社会の中で取り組まれている教育福祉の実践によって、能力主義的な選別から脱出できない学校教育に示唆を与えることが重要である[52]。また、子ども・若者が地域とかかわりながら学び、豊かな人生を歩んでいくことができる教育のあり方を、高校と大学と地域が共同で考え、試行的な実践が展開されている[53]。そして、地域の魅力的な歴史や暮らし、人間関係を再評価する全村博物館の取り組みの中で、ＵターンやＩターンの若者が新しい仕事を生み出して定住し、高校生が人生選択の視野を広げている[54]。

学校教育における能力主義的選別機能は強固で、これらの取り組みは各地で見られるものの学校教育全体を改革するには至っていない。しかし、インターネットで簡単に情報を得ることができ、さらにＡＩが活躍するようになると、人びとの学び方や働き方は大きく変わる。ＡＩをはじめ新しいテクノロジーを統御するのが人間の仕事になるともいわれているが、そこには一握りの人しかかかわることができない。また、ＡＩにはさまざまな可能性があるものの、実際には利益優先の政治経済の社会で使われることを考えると楽観視はできない。このような近い未来を考えると、人びとに求められることはこれまでとは大きく異なることが予想される。その時、学校教育と社会教育を再編成して知のあり方を再検討することが、「国民の学習権保障」を実現するための一つの重要な方法になるのではないかと考える。

地域課題に取り組む「市民自由大学」と「人権としての社会教育」

「国民の学習権保障」は、人びとが変わっていく地域と生活を見つめ、これからの生き方を考えるためにも必要である。高度経済成長期には地域課題が複雑になったことから、生活を見つめて話し合う共同学習だけでなく、科学的な学習も必要であると考えられた。枚方テーゼが社会教育を「大衆運動の教育的側面」ととらえ、下伊那テーゼが「働く国民大衆から学んで学習内容を編成すること」を提起し、三多摩テーゼが公民館を「私の大学」ととらえたのは、いずれも共同学習と科学的な学習の統合を意図するものであった。また、勤労青年の学習も「真の学問の国民化」のために、「地域青年自由大学」とすることが構想された。

高度経済成長期に生まれたこのような考えは、その後、自治体に「市民自由大学」をつくるという提案に結びついていく。図書館や博物館、文化ホール、公民館講座、自主サークルがネットワークを結び、そこに既存の大学もかかわることで、地域課題の発見と探求そして解決をめざすことが提起された。自治体が大学のような自由な研究と学習の機能をもつことは、地方自治の内実を強化するものと考えられた[55]。今日、大学の研究者は学会で活動するだけではなく、自治体の計画策定にかかわり、地域の防災システムをつくることや地場産業に付加価値をつけることなどに貢献するようになってきているが、より自覚的に地域・自治体と大学が結びつくことが求められている。

高度経済成長期には、賃労働に従事しながらも、現在の職務内容や将来の見通しから労働者階層になじまない「新中間層」が増加した。そのような中で、「権利としての社会教育」を求める運動の中で、新中間層が趣味を楽しみ教養を高めることが目立つようになった。新中間層の学習にも権利はあるが、そのことで切実な生存権的な課題に取り組むことが拡散して不明確になることが懸念された。このような状況に、生涯教育の国際的な潮流も反映して、「人権としての社会教育」が提案された[56]。「権利としての社会教育」は「人権としての社会教育」を包含すると考えれば、「権利としての社会教育」の探求は今日でも必要であるが、そこに含まれる「人権としての社会教育」が重要な課題になっていることを忘れてはならない。

高度経済成長期には「権利としての社会教育」であれ「人権としての社会教育」であれ、公務労働者である社会教育職員の力で優れた実践が展開されてきた。しかし、一九八〇年代以降の行政改革で、公共サービスの「合理化」や「民間活力」の活用が提案され、施設運営の一部が委託され、非正規の職員が増え、第三セクターが設置されることになり、それは九〇年代の規制緩和政策でさらにすすんだ。そして今日、二〇一八年に総務省が出した「自治体戦略二〇四〇構想研究会」第二次報告書で、公共サービスや自治体の資産を民間企業に譲って、経済成長の道具にすることが提案されている。このような中で、手薄になる地域の社会資源を確保するために住民自身による取り組みが期待されている。また、社会教育労働が一般行政部局の職員、会計年度任用職員、第三セクター職員、指定管理者となったＮＰＯスタッフで担われることが多くなり、優れた実践を展開しているにもかかわらず、労働条件に恵まれないという課題がある。このような中で、正規の公務労働者として社会教育の仕事に携わる職員はどのような役割を果たさなければならないかが問われている。(57) 高度経済成長期の社会教育が見出した地域課題を学び地方自治を発展させる「市民自由大学」や「人権としての社会教育」を市民セクターと行政が協働してどのように展開していくか、その仕組みづくりと職員の意欲をかき立てることが今日の課題となっている。

注

（1）太田政男「公的社会教育と青年期教育―青年期教育における『学校教育と社会教育』問題―」日本社会教育学会編『現代社会教育の創造―社会教育研究三〇年の成果と課題―』東洋館出版社、一九八八年。
（2）小林文人「解説・一九五九年社会教育法改正問題」横山宏・小林文人編著『社会教育法成立過程資料集成』昭和出版、一九八一年。
（3）小川利夫「地域民主主義運動と公民館」『月刊社会教育』一九六五年九月。
（4）社会教育推進全国協議会一五年史編集委員会編『権利としての社会教育をめざして』ドメス出版、一九七八年。
（5）宮原誠一「社会教育の本質」一九五〇年（『宮原誠一著作集　第二巻　社会教育論』国土社、一九七七年、所収）。
（6）五十嵐顕「社会教育と国家―教育認識の問題として―」日本社会教育学会編『社会教育行政の理論』国土社、一九五九年。
（7）津高正文『社会教育論』新元社、一九五六年。
（8）小川利夫「社会教育の組織と体制」小川利夫・倉内史郎編『社会教育講義』明治図書、一九六四年。
（9）千野陽一「権利としての社会教育」千野陽一・野呂隆・酒匂一雄編著『現代社会教育実践講座　第1巻　権利としての社会教育』民衆社、一九七四年。
（10）小川利夫「現代社会教育理論の構想」小川利夫編『講座現代社会教育Ⅰ　社会教育の理論』亜紀書房、一九七七年。
（11）笹川孝一「『権利としての社会教育』研究における『権利としての成人の自己教育・生涯教育』研究の問題」前掲書（1）。
（12）島田修一「権利としての社会教育」『社会教育・生涯学習辞典』朝倉書店、二〇一二年。
（13）千野陽一「農村社会教育の課題と展望」千野陽一・藤田秀雄・宮坂広作・室俊司『現代日本の社会教育』法政大学出版局、

一九六七年。
(14)室俊司「都市社会教育の再編成」同前書。
(15)藤田秀雄「高度経済成長下の学習運動」戦後社会教育実践史刊行委員会編『戦後社会教育実践史 第3巻 開発政策に抗する社会教育』民衆社、一九七四年。
(16)藤岡貞彦『社会教育実践と民衆意識』草土文化、一九七七年。
(17)津高正文「学習・教育事業としての『ろばた懇談会』」津高正文・森口兼二編著『地域づくりと社会教育―『ろばた懇談会』に学ぶ―』総合労働研究所、一九八〇年。
(18)小川利夫「地域住民の学習権と教育の地方自治」日本教育法学会編『講座教育法6 教育の地方自治』総合労働研究所、一九八一年。
(19)小山隆「社会教育と社会階層」日本社会教育学会編『日本の社会教育 社会教育と階層』第二集、国土社、一九五六年。
(20)小川利夫「現代の貧困と教育差別の再生産」『現代教育科学』一九七四年一一月。
(21)小川利夫「現代社会教育思想の生成―日本社会教育思想史序説―」前掲書(10)。
(22)小川利夫「『人権としての社会教育』の追究」『月刊社会教育』一九八五年一二月。
(23)宮原誠一「青年教育再編の基本的視点」宮原誠一編『青年の学習―勤労青年教育の基礎的研究―』国土社、一九六〇年。
(24)小川利夫『青年期教育の思想と構造』勁草書房、一九七八年。
(25)教育制度検討委員会・梅根悟編『日本の教育改革を求めて』勁草書房、一九七四年。
(26)小川利夫・木下春雄「青年の人生選択と自己形成」『岩波講座子どもの発達と教育6 青年期 発達段階と教育3』岩波書店、一九七九年。
(27)小川利夫「教育における『貧困』の問題―いわゆる『夜間中学生』問題を中心に―」日本社会福祉学会編『日本の貧困―ボーダー・ライン階層の研究―』有斐閣、一九五八年。
(28)小川利夫・高沢武司編著『集団就職―その追跡研究―』明治図書出版、一九六七年。
(29)小川利夫・村岡末広・長谷川真人・高橋正教編著『ぼくたちの一五歳―養護施設児童の高校進学問題―』ミネルヴァ書房、一九八三年。

(30) 小川利夫・永井憲一・平原春好編『教育と福祉の権利』勁草書房、一九七二年。
(31) 小川利夫『教育福祉の基本問題』勁草書房、一九八五年。
(32) 宇佐川満「公民館の役割と機能」宇佐川満編『現代の公民館―住民自治にもとづく再編の構想―』生活科学調査会、一九六四年。
(33) 小川利夫『『自治公民館』の自治性」『月刊社会教育』一九六三年三月。
(34) 枚方市社会教育委員会「社会教育をすべての市民に」一九六三年（社会教育推進全国協議会資料委員会『社会教育・４つのテーゼ―「住民の学習と資料」臨時増刊号―』一九七六年、所収）。
(35) 井上英之『『枚方テーゼ』の歴史的意義」津高正文編著『戦後社会教育史の研究』昭和出版、一九八一年。
(36) 小川利夫「社会教育行政の『革新』を求めて―『革新自治体と社会教育行政』ノート―」『月刊社会教育』一九七六年三月。
(37) 島田修一「農村の急激な変化と自治体『合理化』に直面して―下伊那テーゼ執筆の頃の職員集団―」前掲書（34）。
(38) 長野県飯田・下伊那主事会「社会教育主事の性格と役割」一九六五年（同前書、所収）。
(39) 田岡鎮男『ある公民館主事の実践』信州白樺、一九八二年。田岡鎮男『かたすみの社会教育』私家版、一九八四年。田岡鎮男『さいはての社会教育』私家版、一九八六年。
(40) 小川利夫「市民会館・公民館の論理」『月刊社会教育』一九六五年八月。
(41) 東京都教育庁社会教育部「新しい公民館像をめざして」一九七四年（前掲書（34）、所収）。
(42) 進藤文夫「〝新しい公民館像をめざして〟解説」同前書。
(43) 小川正美「青年学級の視点―地域自由大学の創造―」小川利夫編『住民の学習権と社会教育の自由』勁草書房、一九七六年。
(44) ポール・ラングラン（波多野完治訳）『生涯教育入門』全日本社会教育連合会、一九七一年。
(45) 佐藤一子「有給教育休暇と国民の学習権」前掲書（43）。
(46) 宮原誠一「生涯学習とはなにか」宮原誠一編『生涯学習』東洋経済新報社、一九七四年。
(47) 前掲（25）。
(48) エットーレ・ジェルピ（前平泰志訳）『生涯学習―抑圧と解放の弁証法―』東京創元社、一九八三年。
(49) 小川利夫・新海英行「Ｅ・ジェルピと日本の生涯学習論」エットーレ・ジェルピ・海老原治善編『生涯学習のアイデンティティ―市民のための生涯学習―』エイデル研究所、一九八八年。

（50）小川利夫「近代ドイツ社会教育《フォルクス・ビルドゥング》史序説—社会教育の形而上学批判—」日本社会教育学会『日本の社会教育』第一集、一九五五年。
（51）辻浩『〈共生と自治〉の社会教育—教育福祉と地域づくりのポリフォニー—』旬報社、二〇二二年。
（52）辻浩『現代教育福祉論—子ども・若者の自立支援と地域づくり—』ミネルヴァ書房、二〇一七年。
（53）和歌山大学紀伊半島価値共創基幹『ほんものの学びを求めて—高校・大学・地域の連携　KOKÔ塾「まなびの郷」二〇周年—』二〇二二年。
（54）大石真紀子「阿智村全村博物館構想を実現する自治と協働の協会づくり」辻浩・細山俊男・石井山竜平編『地方自治の未来をひらく社会教育』自治体研究社、二〇二三年。
（55）小川利夫「生涯学習施設としての公民館—自治体『市民自由大学』の構想と提言—」全国市長会『月刊市政』一九九四年七月。
（56）前掲（22）。
（57）前掲書（54）。辻浩「教育福祉実践を担うＮＰＯ・市民活動と公的社会教育—新しい価値観の創造と行政的・市民的承認の地域における結合—」名古屋大学大学院教育発達科学研究科社会・生涯教育学研究室『社会教育研究年報』第三五号、二〇二一年三月。

（辻　浩）

第2章

公民館報に見る住民がとらえた地域課題

1　公民館報と住民の学習

「村の新聞」としての公民館報

戦後の新しい社会教育機関として構想された公民館は、民主主義を体得し、教養を高め、地域を再建することをめざした。公民館の事業を行うために、住民が主体となって、「教養部」「図書部」「産業部」「集会部」を設けるほか、必要に応じて「體育部」「社会事業部」「保健部」などを設けることが提案された。このうち、「図書部」の説明では、単に図書を提供するだけでなく、住民生活にかかわる情報を積極的に発信しなければならないと、次のように書かれている(1)。

郷土生活向上の為に郷土資料や町村政治、産業事情等に関する各種の図表、図書、時事解説資料を陳列し又は壁間に提出するなどの事も大いに考えられてよいであろう。新しく成立した町村の豫算なども分り易く図示して公開し、税率や其の町村として実施してゐる事業などを町村民に詳しく説明し、町村の人々が常にそれらの率と額を諳んじてゐる位になれば町村政治に対する理解が行届き町村自治は自ら円満な発達をするに違ひない。町村民の生活水準や産業事情等を隣町村と比較したり、縣全體の状況と比較したり、又毎日の新聞記事の中から重要な問題を取り上げて分り易く解説したり、図書部の仕事は其職員の気の利いた創意工夫によつて、十分の効果を上げる事が出来るであろう。

このような地域や自治体の状況を整理して住民に情報を提供する公民館の役割は、「公民館報」を発行することにつながった。たとえば、公民館活動が盛んだった長野県下伊那地方でその歴史をまとめる際には、「学習活動」「視聴覚教育活動」「図書部活動・読書活動」「体育活動」「演劇・芸能活動」「新生活運動」と並んで「公民館報活動」の章が設けられている。そこでは、一九五〇年に『信濃毎日』編集局から講師を招いて「村新聞編集者会議」が開催され、「公民館報は村民の新聞であるという性格が特徴である。村民の生活や心に深く喰いいっていける、公民館の分身とみてもよい」と指摘されたことが記されている。このことは高度経済成長期にも維持され、一九六〇年には「村の新聞コンクール」が開催されている。(2)

公民館報は公民館の事業のお知らせではなく、地域や暮らしにかかわる情報を提供してきたにもかかわらず、これまでの社会教育研究ではそのことに焦点を当てることはなかった。公民館報が「村の新聞」と呼べる内容をもっているのであれば、それを読むことは学習になる。また、その発行にあたっては、どういうテーマを取り上げるのかを検討し、取材して記事にするとともに、大きな課題であれば解説や評価も行う。それを集団で行う過程には学習があり、その反響から学ぶということもある。社会教育実践の研究は、サークル活動や学級・講座とは異なるこのような学習のスタイルにも注目する必要がある。公民館報を人と人をつなぐ教育実践であるととらえ、高度経済成長期に住民がどのような地域課題をとらえていたのかを明らかにしたい。

三つの公民館報記事の分析

ここで分析した公民館報は、長野県阿智村公民館報である『あちむら新聞』（一九五七年三月二五日～一九七三年一〇月一三日の五六号分）、長野県旧上郷村公民館報である『かみさと』（一九五七年三月一〇日～一九七三年一〇月二五日の一八八号分）、東京都国立市公民館報である『くにたち公民館だより』（一九五七年九月二〇日～一九七三年一二月五日の一六一号分）であり、いずれも記事内容を網羅的に分析することにした。また、全体の分析枠組みとして、①戦後改革期から継承されたものと断絶したものが何だったのか、②法・制度に規定されながらも地域の取り組みはどう展開されたのか、③東アジアとの新しいかかわりがどう意識されたのかということを設定した。

最初に取り組んだ『あちむら新聞』の分析では、実際の記事を見ながらどのような領域に分類することが可能かを考えた。その結果、①行政、②産業、③地域開発、④環境、⑤生活、⑥文化、⑦教育、⑧平和、⑨その他に分類して、それぞれの領域でどのような課題が何件掲載されているのかを示すとともに、記事の内容をその息吹が伝わるように引用しながら紹介した。(3) そして次に取り組んだ『かみさと』の分析では、『あちむら新聞』と記事分類と引用の仕方を揃えることで、下伊那地域の二つの公民館報を比較することで共通性と固有性を明らかにすることをめざした。(4) そして三つ目に取り組んだ『くにたち公民館だより』の分析では、対象が都市公民館に移ったことから記事の傾向が大きく変わることを予想しながらも、記事分類の変更はせずに、同じ領域であっても、都市と農村で課題がどのようにあらわれるのかを考えるようにした。(5)

このような公民館報の網羅的な記事分析を通して見えてきたことは、**表2-1**からわかるように、さまざまな地域や生活の課題がとりあげられていたということであり、全体の分析枠組みに関しては、民主主義の定着がすすんでいていている一方で地域開発にともなって大きな課題が出てきていること、農村でも都市でも生活構造の変容にともなって矛盾が集中する青年と女性の学習が盛んであること、東アジアとのかかわりでは満蒙開拓の歴史的なふり返りと日米安保条約や基地問題、ベトナム戦争といった戦後の課題が取り上げられていたことである。(6)

表2-1　3つの公民館報で取り上げられていた記事のキーワード

領域	あちむら新聞	かみさと	くにたち公民館だより
行政	新村建設、財政公開、事務処理合理化、選挙と民主主義	公明選挙運動、岩手分村との交流、合併問題、町政の施行、自治研究会、自治体学校、災害復旧と庁舎建設、中央自動車道、教育・福祉	公明選挙運動、東京都政調査会、議員との対話、議会の勢力図
産業	農業をめぐる社会変動と振興策、林業・他産業	農業の不振と振興、商工業	農業問題と農業振興、商工業の特徴と従事者、文教地区における産業誘致
地域開発	中央道建設、工場誘致、有線放送、観光地の開発	中央道建設、有線放送、水道整備、山林の管理、地域計画	文教地区・学園都市のまちづくり、交通問題
環境	自然災害と復旧、公害と自然保護	水害、災害復旧、公害、工場事故、干ばつ、農薬問題	騒音問題、公害問題、市民運動
生活	新生活運動、健康、保健福祉施設、人口問題、高齢化、老人クラブ	新生活運動、医療施設、健康、福祉、高齢化、老人クラブ、生活安全、青少年健全育成	新生活運動と生活習慣、病気予防と衛生、食の安全、物価上昇、保育、高齢者の活動、障害児、青少年問題
文化	青年団・青年のつどい、婦人会、文化財保護	4Hクラブ、婦人会、若妻会、読書活動、文化財保護、地域行事、成人式、祭、芸能事業	青年団体・青年のつどい、サークル、婦人団体、文化財保護、文化祭、成人式、体育祭
教育（学校教育）	統合中学への期待と合意形成、施設・設備の充実、小学校整備、中学卒業後の進路、勤務評定問題、教育費	施設・設備の充実、学校での子どもの様子、教育問題への意見	施設・設備の充実、学校での子どもの様子、教育問題の学習と運動
教育（社会教育）	公民館の再編、中央公民館の位置づけ、分館活動、社会教育研究集会	施設・設備の充実、公民館・分館活動、研究大会	施設・設備の充実、公民館活動、集会・研究会
平和	原水爆禁止運動、満蒙開拓、安保条約、人権週間、売春防止法	原水爆禁止運動、満蒙開拓、安保条約、沖縄の基地問題、ベトナム戦争、遺族会、人権問題	原水爆禁止運動、憲法、アジア情勢、安保条約、太平洋戦争

公民館報がとらえた地域課題

本章ではこれらを再構成して、「生活構造の変容と地域課題」「自治体の合併と民主的な地域づくり」「経済成長下での子どもと若者の課題」「女性の自立と地域課題への取り組み」「アジアの中で考える平和と人権」に分けて公民館がとらえた地域課題を明らかにする。

「生活構造の変容と地域課題」では、農業構造改革、産業誘致、観光開発、商工業の発展、文教地区づくり、自然災害の復旧、公害、騒音問題などが注目され、「自治体の合併と民主的な地域づくり」では、新村建設、財政公開、事務処理合理化、町政施行、自治研究会、庁舎建設、選挙と民主主義、公明選挙推進運動、議員との対話、公民館組織の再編、分館活動、研究集会などが取り上げられている。「経済成長の下での子どもと若者の課題」では、学校生活と子どもの様子、中学卒業後の進路、勤務評定の問題、教育費、教育問題、勤労青年のことなどが注目され、「女性の自立と地域課題への取り組み」では、婦人団体、新生活運動、食の安全、健康づくり、女性問題の自覚化、保育事業、障害への取り組みなどが取り上げられている。そして「アジアの中で考える平和と人権」では、満蒙開拓、岩手分村、原水爆禁止運動、平和の行事、安保条約、沖縄の基地問題、ベトナム戦争、人権、憲法などが取り上げられている。

注

（1）寺中作雄『公民館の建設』一九四六年（横山宏・小林文人編著『公民館史資料集成』エイデル研究所、一九八六年、所収）。

（2）長野県下伊那郡公民館活動史編纂委員会編『下伊那公民館活動史』一九七四年。

（３）辻浩・河野明日香・張苑菁・王倩然・大村隆史・竹井沙織「高度経済成長期社会教育史研究（１）―長野県阿智村公民館報に見る地域変貌と住民の学習―」名古屋大学大学院教育発達科学研究科社会・生涯教育学研究室『社会教育研究年報』第三三号、二〇一九年。

（４）竹井沙織・張苑菁・徐真真・二村玲衣・藤田圭亮・内藤綾香・高一格・大村隆史・王倩然「高度経済成長期社会教育史研究（２）―長野県旧上郷村公民館報に見る地域変貌と住民の学習―」名古屋大学大学院教育発達科学研究科社会・生涯教育学研究室『社会教育研究年報』第三四号、二〇二〇年。

（５）辻浩・徐真真・二村玲衣・董沅璐・姜雪縁・張潤霊・沙馬婧瑤・舩橋理仁・張欣怡・何偉偉・大村隆史・王倩然「高度経済成長期社会教育史研究（３）―東京都国立市公民館報に見る地域変貌と住民の学習―」名古屋大学大学院教育発達科学研究科社会・生涯教育学研究室『社会教育研究年報』第三六号、二〇二二年。

（６）辻浩・竹井沙織・大村隆史・王倩然・徐真真・二村玲衣「高度経済成長期社会教育史研究（４）―三つの公民館報に見る地域変貌と住民の学習―」名古屋大学大学院教育発達科学研究科社会・生涯教育学研究室『社会教育研究年報』第三七号、二〇二三年。

（辻　浩）

２　生活構造の変容と地域課題

高度経済成長期には都市と農山村とを問わず商工業の振興策が展開され、従来の暮らしに変化がもたらされる中で、さまざまな地域課題が生じる様子がみられる。以下では「農業経営の転換と産業誘致」、「文教地区における商工業化と人材育成」、「自然災害と公害からの復興」という三点からその様子を整理していく。

農業経営の転換と産業誘致

阿智村や上郷村といった農山村の農業経営は高度経済成長のさなかに転換期を迎え、各地で新農村建設にむけた取り組みが展開した。なかでも、道路の整備事業は地域の工場誘致や観光開発などといった産業誘致の起点となり、増加傾向にあった兼業農家の暮らしの向上が期待された。その反面で、開発にともなう新たな人口問題や公害への懸念が叫ばれた。

例えば、『あちむら』では村政に関する座談会に関する記事「工場誘致、観光開発まず道路整備から」において、「工場誘致に対しては、道路が改修出来れば村の生産されたものが短時間に遠距離迄の市場に運べる、そうすれば鉄道も工場誘致も出来る態勢が出来る」(1)との意見があり、実際には一九六五年～七四年の『あちむら』のほぼ毎号において中央道の開設に関する進捗が伝えられるなど、高い関心が寄せられた。「村民世論調査 中央道開設をどう考えるか」という特集では、八四％の人は中央道が村を通ることに賛成し、「村の産業が発展するから」という理由の他に、「交通の便が良くなる」「生活、文化が向上する」という意見が多く寄せられた。これに対し、反対の理由として、「中央道より地方道の整備を」九〇％、「有料道路で私たちには縁がないから」四三％、「大資本家の道だから」四一％、「土地がつぶれるから」三八％というような結果であった。(2)中央道建設と並行して、一九六三年九月に工場誘致条例が公布施行されると、一九六四年四月から丸駒産業、七月から阿智化学、六七年二月には盟和産業が操業を開始し、地域への工場誘致が進んだ。(3)

こうした地域の産業構造の揺らぎの中で、農業の多角化経営の問題、共同化への期待、農協制度の改正、価格要求運動、機械化の推進など、近代化への転換をはかるさまざまなテーマが取り上げられていた。『あちむら』では「経営拝見」という連載が組まれ、一六回にわたって新しい農業経営に取り組む住民がストーリー形式で紹介されている[4]。地域の状況として、専業農家の減少と兼業農家の増加、農家所得と経営面積の関係、農産物の高い海外依存などといったことがあらわになり、安定した収入源を確保する手段としても工場誘致の重要性が増していたといえる。

『かみさと』では、一九六七年三月に発表された中央道の予定路線に上郷村の一三の宅地や田畑が含まれることを受け、村民生活や農業への影響と問題に触れながら、地域住民への十分な補償等を要望する記事が掲載された[5]。公民館で開かれた中央道問題座談会では、中央道の開通によって名古屋等の都市部への移動時間が短縮されることで、労働力が流出することによる地元産業の労働力不足や、地域内での競争の激化が起こるのではないかという懸念に加え、騒音や日照問題、自動車事故等に関する不安の意見が出された[6]。

農山村における中央道の建設や工場誘致条例の策定などといった大規模な地域開発事業は、農業従事者をはじめとする村民全体の暮らしのあり方に大きく影響する取り組みであり、地域の人口問題（労働機会の確保、人材流出、過疎化）に直結するテーマであった。かたや国立市では、農業地帯が急速に宅地化するとともに、耕地面積の減少や収入の不安定などを原因として、農家全体における兼業農家の割合が増加した。都市部においても農山村においても、地域の構造的な変化にともなって農業経営に揺らぎが生じ、多角的な経営や機械化など、農業構造の改善を考えなければならなかった状況があった。

文教地区における商工業化と人材育成

高度経済成長は文教地区の生活構造にも変化をもたらした。端緒となったのは、国立町の商工業の振興発展にむけて商店会が一致協力し、商協、商店会、商工会などによって国立町商店会連合会が創立され、商店街の拡充や、会員・店員の福利厚生の推進等が目指されたことだった。[7]やがて商店街の整備が進み、スーパーマーケットの進出によって、街の人口増に見合った活気ある発展がなされ、消費者と商店との積極的な協力のもとで、町の特色を伸ばして発展させることなどが目指された。しかし、その歩みは単純なものではなく、文教地区であることによる論争や葛藤があった。

国立町は一九五二年に文教地区に指定されて以降、教育環境に重きを置いた閑静な住宅地として発展してきており、商工業は概して小規模だった。文教地区建築条例によって風紀を乱すような飲食店や遊戯施設の設置が禁止され、一部の地域では大規模商業施設や特定の工場建設が制限された。[8]こうした中で買い物などの利便性や財政をより豊かにすることを求める住民の声や、規制されている業種の事業者らの声を契機として、住民と行政との間での論争が巻き起こった。[9]これと関連して、文教地区の風俗営業許可に関する動きの中で、都内全域で一三か所ある文教地区の業者の「文教地区だからといって風俗営業ができないのは不満である」という強い声に対し、警視庁から「文教地区であっても商業地区ならば風俗営業を認めてもよい」との事務連絡がなされたが、国立市は「正式に風俗営業を認めれば、静かな教育環境が厚化粧のどぎつい町並に変わっていく」という理由で、風俗営業の許可を拒否した経緯もある。[10]

このように文教地区の商工業化の過程は複雑だったが、その中で町内の商店や企業に働く青年たちを対象とした商工青年学級の実践が展開されている。商工青年学級は、店員の質の向上が新しい時代の商店経営にとって必要不可欠のものとなることを見越して、新しい時代に向けた教養や広い社会的な視野をもった「これからの店員」をつくり出すことを目指した。[11]農山村から流入してくる青年が年々増加する中、商工青年学級を通して、社会のさまざまなことを知ったり、技術を習得したり、交友関係を築くなどした[12]。高度経済成長期における文教地区の商工業の振興策は、主に暮らしの利便性を求める住民と事業者の働きかけによって展開されてきたといえる。

自然災害と公害からの復興

一九六〇年前後の一部の地域では相次ぐ大型台風や豪雨にともなう水害に見舞われ、その対応と復興に追われた。特に大きなものとしては一九五九年九月の伊勢湾台風と六一年の集中豪雨がある。『あちむら』では、「罹災人員は五三八二人を数へた。その他耕地、作物、道路など村全域にわたっての大災害となった」「村では急きょ災害対策本部を設け又県の災害救助法も適用され被害状況調査や復旧に立上っている」などと報じた。被害総額は一億六五〇〇万円にのぼり、災害救助法に基づき、応急仮設住宅が七戸と、応急修理住宅八〇戸が割当てられ、要保護家庭、援護家庭を対象に建築が進められた[13]。『かみさと』においては、一九六一年の集中豪雨を「二五〇年以来のこと」と表現するほどに被害を受け、水害対策や復旧状況、関連する住民の動きが報じられた[14]。これらの地域では、農作物への甚大な被害によって農家の暮らしは逼迫していった。

こうした状況に加えて、高度経済成長期の生活構造の変化にともなう環境汚染とも向き合う必要性が生じていた。一九六〇年代後半の阿智村では、工場排煙によって農作物に被害が発生し、近隣自治体へとその被害が及ぶほどに大きな問題となった。また、上郷村では産業廃棄物や家畜の糞尿、家庭の生活排水などによる河川の汚染問題や、自動車の騒音と排気ガス問題などがとりあげられた。公害問題は都市部においても例外ではない。住宅地のひろがる国立町では、立川基地の米軍飛行機の爆音、自動車・オートバイのエンジンやクラクションの音、音大生の自宅での音楽演奏などさまざまな騒音が問題視された[15]。この他、国立市では光化学スモッグによる大気の汚染、交通公害も大きく、団地自治会の一部門として生まれた交通公害対策特別委員会によって「映画と講演の夕べ」が開催され、話し合いに先立って上映された映画により、車の排気ガス、騒音、人身事故の恐ろしさが強く印象付けられ、人びとの話し合いもいかに生活環境を守り、改善していくかということで熱心に続けられた(16)。

高度経済成長のさなかで商工業を中心とした開発政策が本格化して、農業・林業が衰退する中で、離農した青年が誘致された工場の賃労働者になる流れが生じ、その一方で、誘致した企業などによる公害問題が発生し、自然災害の復旧の過程で農民の賃労働者化や貧困化がすすむ現象が生じた。自然災害や公害問題に直面し、村民が人間と自然の関係について反省するような記事も散見され、公民館報は村民に情報提供と問題提起をするような役割を担っていた。

注

(1)『あちむら』第一五号、一九六一年二月七日。
(2)『あちむら』第三八号、一九六六年一月三〇日。
(3)『あちむら』第三一号、一九六四年七月一二日。『あちむら』第四三号、一九六七年八月二三日。
(4)『あちむら』第二三号、一九六二年一〇月一五日から第四一号、一九六六年一二月三日まで。
(5)『かみさと』第二〇三号、一九六七年四月二〇日。
(6)『かみさと』第二三一号、一九六九年七月三一日。
(7)『くにたち公民館だより』第二三号、一九六一年一〇月一日。
(8)『くにたち公民館だより』第七六号、一九六六年七月一日。
(9)『くにたち公民館だより』第四九号、一九六四年三月一日。『くにたち公民館だより』第五〇号、一九六四年四月一日。『くにたち公民館だより』第一三〇号、一九七一年一月五日。
(10)『くにたち公民館だより』第一三〇号、一九七一年一月五日。

(11)『くにたち公民館だより』第一九号、一九六一年六月一日。
(12)『くにたち公民館だより』第六二号、一九六五年五月一日。
(13)『あちむら』第一〇号、一九五九年一一月一〇日。
(14)『かみさと』第一四三号、一九六一年七月三〇日。
(15)『くにたち公民館だより』第五六号、一九六四年一〇月一日。『くにたち公民館だより』第七〇号、一九六五年一一月一日。
(16)『くにたち公民館だより』第一五〇号、一九七二年九月五日。

（大村　隆史）

3　自治体の合併と民主的な地域づくり

時代の変化と新たな自治体づくり

この時期、都市部農村部のいずれにおいても、高度経済成長の基盤づくりといわれた「昭和の大合併」や、人口増加等に伴う町村の市制・町制施行、それらと並行した財政健全化や事務処理合理化といったかたちで新たな自治体づくりがすすめられていた。ここでは、複数自治体が合併してつくられた新村・阿智村、住民の要望によって町制を施行した上郷村の二事例から、高度経済成長期の自治体づくりと公民館との関わりをみていく。

阿智村は、一九五六年九月に会地村、伍和村、智里村の三村が合併し発足した。合併後すぐに阿智村公民館が設置され、公民館報『あちむら』第一号が一九五七年三月二七日に発刊された。『あちむら』では第一号から村長・

前村長による新村の構想が語られており、続く号においても新村建設に関わる事項について述べられている。こうした記事では、そのときどきの政策や制度、諸機関の整備状況といった行政の実態を伝えるのみならず、村づくりのために必要な意識の転換を住民に対して呼びかける役割をも果たしていた。

例えば、一九六一年の記事では、農業だけではなく自治体も体質改善の時であると指摘しており、行政事務の合理的処理の準備や実施をすすめながら、生産性の向上や商工業の発展に向けた質的転換に向かっているとされている。そして、そうした村づくりに不可欠な住民のあり方として、物わかりがよく、人間関係の構築において親切でなければならないと記されている(1)。また、合併から一〇年が経った一九六六年には、村長から、度重なる風水害や村民の税金滞納等によって悪化した財政を建てなおすべく、村として工場誘致を望んでいること、そして村民からの協力が必要であることが呼びかけられている(2)。

新村建設によって変わる行政のあり方や村づくりに関する情報は、住民自身で収集し把握することが難しい。また、新しく組織改編された行政から住民へ広く情報や要望を周知することもまた簡単ではない。そうした中で、公民館は館報を通じて住民と村行政をつなぐ媒体となっていた。

また、旧上郷村は一九七〇年三月三一日に町制を施行し、「上郷町」と名称を変えた。この施行に至るまでの経緯が公民館報に記されている(3)。

上郷村内で初めて町制施行が検討されたのは、一九五〇年代前半のことであった。当時の商工会長からの熱心な提言を受け、村当局は当時議論されていた町村合併問題と絡める形で合併による町制の実現をめざした。ただ、結果として合併は実現せず、町制施行の議論も立ち消えたのである。その後、一九六〇年代半ばから再び商工業関係者によって町制施行の要望が強く出されたものの、このときの村当局は行政面でも財政面でも直接的なメリットがないとして施行をすすめなかった。

しかし、一九六九年三月の村議会で、町政施行にかかる住民意見にふれる発言があったことを契機に、村当局は村民の意見を聞きながらこの問題の検討をすすめることとした。実際に翌月には各種団体の幹部、各区長、公民館関係者、前村長等によって二回にわたる研究協議会が行われた。そこでは町制施行の利点として、国会や官公庁への陳情、交渉には村より町が有利である、公営住宅等の受け入れがしやすい、商工業者は町であるほうが取引等で優位となるといった点があげられた一方、農業協同組合より農業者への影響を懸念する声があった。そこで協議は一時保留され、調査研究を行い、結果として農業協同組合も町制に賛成となった。

一九六九年一二月の研究協議会で全住民の意見を聞いて町制問題をすすめていくことが決議され、その後開かれた部落懇談会で反対の声がなく「この機会にこそ住民意識を高揚して力強く前進しよう」という意見もあったことから、町制導入の方針が確定し、一九七〇年一月二七日の村議会臨時会によって町制施行を決議、同年四月より旧上郷村は上郷町となった。

このように公民館報を見ると、積極的な推進を望まないながらも住民の声を聞こうとする村当局と、町制を望み村当局へ意見を届ける住民の力で自治体がつくられていく姿を知ることができる。

公明選挙運動と民主的な政治への取り組み

一九五二年に「公明選挙連盟」が結成され、高度経済成長期にはその取り組みが盛んになった。いずれの公民館報においても公明選挙運動に関する取り組みが伝えられている。阿智村、旧上郷村、国立市では共通して、公明選挙推進委員会による組織づくりや住民の学びと議論の機会づくりが行われた他、公民館報を通じて公民館や各種団体から正しい選挙、正しい判断のための情報提供がなされた。

例えば、『かみさと』第一五九号（一九六三年三月三〇日）では、村として「公明選挙推進村」を宣言し、「過去の選挙が情実に流れ、金力につながる等の悪習が後をたゝない」ことを反省し、「かゝる悪習を追放し違反のない選挙を確立する」としたことを報じている他、公民館広報部が行った選挙に関する村民アンケートの結果が掲載されている。具体的には、現行選挙の問題としてあげられた意見や、部落推薦や無投票選挙の可否について賛成側、反対側双方の意見をまとめている。公民館は公明選挙推進委員会に参加するにあたり、自分の考えている政策を政治に反映させようとする住民意識の向上に注力するとしており、(4)前述の報じ方にその姿勢が見てとれる。

また、『かみさと』第二五一号（一九七一年四月二一日）では、同月に行われた地方統一選挙に向けた「選挙特集号」として、同じく公民館広報部によって集約された選挙立候補者の所信表明が掲載され、町民へ全立候補者の政見や抱負を伝える試みがされた。ほかに、青年団、婦人会、若妻会の働きかけにより実現した立候補者の合同個人演説会の報告では、参加した住民の感想として「候補者の顔を見、意見を聞いてこそ正しい選挙ができるので、ただなにもせず明るい選挙をしましょうと呼びかけているだけでは駄目だ」という言葉が紹介されており、運動を主催する側の主張だけでなくそれに対する住民の反応も伝えている。(5)

民主的な政治の実現を志向する取り組みとしては、行政や公民館が呼びかける運動のみならず、住民が主体となった活動も見受けられる。有志住民によるサークル活動が盛んであった国立市では、住民からの要望を訴えたり、あるいは行政動向について学んだりするために、複数の団体やサークルが市議会議員と対話し、学習する機会を設けていた。

例えば、地域の婦人会サークル「つぼみ会」では幾度も議員を招いた話し合いの会を開いており、自治体合併や財政、道路水道等の増設補修、給食センター問題等多岐にわたる地域課題が話し合われている。(6)同会には立場の異なる複数の議員が呼ばれ、会の議事録を全文掲載した館報記事は、そこに参加していない読み手であってもさまざまな視角から地域課題や対応の是非について学び検討できるものとなっている。[7]

公民館報は、ただ行政の動向を報じるのみならず、民主的な地域づくりをすすめようとする住民による活動の経過や成果を仔細に共有することにより、活動に参加していない住民に対しても学びを広め促す役割を果たしていた。

地域づくりと公民館行政

民主的な地域づくりをすすめていくため、公民館行政そのものもハードとソフトの両面から拡充された。ここでは、国立公民館における施設拡充問題と、阿智村公民館が呼びかけた研究集会の取り組みを紹介する。

経済成長にともない住宅地として発展し急激に人口が増えた国立市では、一九五五年に国立公民館が設置された後も常に集会施設が不足していた。市は各地区の団体からの要望に応え、六〇年代頭までに河原公会堂、公民館集会室、青柳会館を開設していった。

それでも一九六三年の公民館報で「私たちがいろいろな集まりを持ちたくてもその場所がない」と多数の町民から声が上がり、[8]公民館運営審議会の協議と市議会の決議を経て翌年には集会室が三つ増築された。[9]しかし、増築後一年間の利用状況の調査結果では、一日平均して五つ以上の集会が開かれていることがわかり、予想以上の利用者数と利用回数であることから、集会施設のさらなる不足が明らかになった。こうした状況を受け、約三〇の団体が集まり、集会室の利用について考える「公民館利用団体連絡会」が開かれた。[10]

利用について各団体が考えていく中で、ただ集会ができるだけの場所ではなく、特別な機能をもつ場所を求める声が多くなった。具体的には、母親たちが公民館の催しや講座に参加する際に乳幼児を預けられる「保育室」や、青年グループ、学級等が学校のホームルームにあたるような活動に使用できる「青年学級室」である。各団体は市議会にこうした場所の設置を請願し、その後増築によって実現された。[11]しかし、その後も地域の婦人が中心となり「公民館分室建設促進会」が結成され、分館建設の請願書が市議会に提出されるなど、学びの場を求める住民の活動は活発であった。[12]

国立公民館におけるこうした動向には、必ずしも十分ではないものの、住民の声に応え施設拡充に努めた公民館と、充足実現に向け動き工夫する住民の様子があらわれている。

阿智村では、公民館の呼びかけによって始められた特徴的な社会教育活動として「社会教育研究集会」がある。この集会は一九六七年から毎年開催されるようになったもので、「村の中におきているいろいろな問題をとりあげ研究しあうため」に公民館が村内各団体に呼びかけ、青年団、婦人会、家族計画研究会、各学校ＰＴＡ、商工会、保育園母の会、農協青年部が実行委員会をつくり、村職員と協力して運営された。一九六七年一二月に開催された第一回集会には約一二〇名の住民が参加し、村政や農業、商工業、保育、学校教育、家庭教育、後継者問題等、多岐にわたる地域の課題が話し合われた。[13]また、特定の地区を対象に開かれた社会教育研究集会もあり、第四七号（一九六八年一一月一六日）では、智里西地区で集会が開かれ、村内でもっとも過疎化が進行している同地区での生活をどのように高めていくか、特に智里西小学校の児童減少を喫緊の問題として話し合ったことが報告されている。

第六回集会の報告では、この集会の意義として「村内のあらゆる層や全地域の人たちが集まり、村の中のさまざまな問題を話し合い、それをみんなで知恵をしぼりあって考え、住みよい条件をつくり出していくこと」と記されている。[14]この集会は阿智村にある生活課題が村民全体で話し合われる機会となり、村内の各団体が活動を報告し合う場ともなった。なお、社会教育研究集会は今日まで継続して開催されており、地域課題を学び話し合う重要な機会となっている。

注
(1)『あちむら新聞』第一五号、一九六一年二月七日。
(2)『あちむら新聞』第三九号、一九六六年三月一七日。
(3)『かみさと』第二四〇号、一九七〇年五月一五日。
(4)『かみさと』第一五一号、一九六二年六月二四日。
(5)『かみさと』第二五二号、一九七一年四月三〇日。
(6)『くにたち公民館だより』第四一号、一九六三年七月一日。
(7)『くにたち公民館だより』第四二号、一九六三年八月一日。
(8)『くにたち公民館だより』第四一号、一九六三年七月一日。
(9)『くにたち公民館だより』第五一号、一九六四年五月一日。
(10)『くにたち公民館だより』第六二号、一九六五年五月一日。
(11)『くにたち公民館だより』第九〇号、一九六七年九月五日。同　第九一号、一九六七年一〇月五日。
(12)『くにたち公民館だより』第一〇〇号、一九六八年七月五日。
(13)『あちむら新聞』第四五号、一九六八年三月三〇日。
(14)『あちむら新聞』第五四号、一九七三年三月二六日。

(二村　玲衣)

4　経済成長下での子どもと若者の課題

阿智村、旧上郷村、国立市いずれの公民館報においても、「教育」をテーマにした記事の割合は高く、公民館報において地域の教育活動を報じるという命題は、現代と変わらず、重視されている。その内容は、直接的に公民館活動にかかわる社会教育に関連する記事以外にも、学校施設・設備の充実に関する記事、学校生活や子どもたちの様子を報じる記事や、教育問題に対する住民の学びと運動に関する記事などである。

子どもたちの学校生活の様子と中学卒業後の進路

『あちむら』において、当時の子どもたちの様子がうかがえる特徴的な記事としては、村の子どもたちの卒業後の進路に関する記事がある。例えば、『あちむら』第二一号では、村に唯一となった阿智中学校を卒業する第一回卒業生の進路が掲載されている。家庭に残るものはわずか五名、進学希望者は半数以上の八三名、就職者は七一名と具体的な人数が報じられている点が特徴的である。(1) さらに、『あちむら』第三四号では、就職者の地域別・職種別内訳なども掲載されていた。その内容は、中京方面が就職者の約半数を占めていることや、「職種別内訳をみると紡績、縫製工と電気、機械工が圧倒的に多いが本年度の特徴として特殊な技術や資格を身につける準看、訓練所、理容、美容師、大工左官への進出が目だっている」と報じられている。(2)

『あちむら』と同様に『かみさと』においても子どもたちの中学卒業後の動向について詳細に報じられている。

例えば、『かみさと』第九四号では一九五六年度の高陵中学校卒業生の動向が掲載されていた。就職者は約四割で、主として男子は東京方面へ女子は中京方面へ行くとあり、進学者の内訳や家居の人数なども詳細に記載がある。(3)

このように、進学と就職の割合、進学先や就職先の地域・職種別割合などの詳細が報告されており、村民の関心の高さもうかがえる。また、その実態をみてみると、中京圏や関東圏への就職が目立ち、農村部から都市部への人口流出の状況があらわれている。

一方、『くにたち公民館だより』では、学校行事などにおける学校生活の様子を伝える記事はみられるものの、卒業後の進路に言及する記事は見当たらない。『あちむら』や『かみさと』においても、学校行事や学校生活の様子を伝える記事は頻繁に掲載されていたことを踏まえると、違いがみられる。農村でも都市でも公民館報は子どもや教育にかかわる記事を多く掲載しているが、農村部においては若者の地域からの流出が課題としてとらえられていたことがわかる。

青年の暮らしと学習活動

青年の暮らしについては青年学級に関する記事からその様子がうかがえる。

例えば、『あちむら』第四号において、智里西青年学級一二月一〇日から三月三一日まで開講することが取り上げられており、「智里西地区は中心から遠く山間地であるため、青年たちが一般教養文化の習得に恵まれない状態にあるが、これら青年のために西地区公民館では青年学級を開設している」「学級生の範囲は中学卒業以上成人式に達するまでの人たちで三十人いる」とあり、青年学級がどのような経緯で開設されたのか、どのような青年が通っていたのかについてうかがい知ることができる。(4)

『かみさと』においても、青年学級の活動は詳細に報じられている。例えば、『かみさと』第一一七号において、次のように記載されている。[5] 青年学級は五六名を四つのグループにわけ、文学グループは月二回の読書会と文集「だえん」の発行を行い、美術グループは常設美術館展（会場図書館）を続け、写真や絵画について深く追求する。音楽グループはレコードコンサートや合唱を、家政グループは主として茶道について勉強する。さらに翌年に演劇グループを加え、演劇台本の読み合わせ、演劇の上映、放送劇の研究と上演を行うようになったとある。「本村の青年学級は他町村の青年学級と異なり中学卒の補充学習的な方式を取らず、学歴、年令をこえて同好グループの集まり方式を」とっている。それゆえに、「同行者の熱意によって各グループの活動が活発になり、また不活発になったりする」ことが問題視された。[6] 一九六二年度からは前期後期にわけ、それぞれ目標を定めて行う方式に変更になった。青年学級は二本立ての形式が続けられ、一九六五年度になると、全体学級と選択学級の二本立てとなり、前者は原則的に全学級生が出席するもので一般教養、時事問題、政治学習などが内容とされ、また後者は学級生の希望によるグループ学習がなされるもので、音楽、生花、美術、農業の四グループに分かれて行われるようになった。[7]

国立市では、一九五三年に青年学級開設の申請が地区の青年たちから出され、開設されたのが始まりである。第一小学校を会場として続けられ、その運営は「グループ活動」による自主的な学習活動が中心であった。[8] その後も、商店の従業員を対象とした商工青年学級や、働く青年を対象とした青年教養大学が開設されている。青年教養大学は、「現代社会に生きる青年にふさわしい知識を学び、自らの生活を見つめ、青春について語りあう」ことを目的とし、毎週木曜日の夜、公民館に集まって、政治・経済・社会・文化・地域社会問題などを学んだ。講師には大学教授やそれぞれの分野の専門家をむかえて学ぶとともに、働く青年をめぐる諸問題を話し合い、互いを知る中で新しい青年の生き方をつくり上げる力を、グループのなかで育ててゆくものであった。また、青年学級と青年教養大学の違いについても触れられており、前者は地域の中で働いている店員や商人などの勤労青年のための仲間づくりと学習の場として、後者はやや学習意欲の高い青年のための学習と教養の場として位置づけられていた(9)。

青年学級の活動は、農村部・都市部いずれも、その盛り上がりは館報を通して伝わってくるものがあり、高度経済成長期における青年の暮らしぶりなども垣間見える。また、青年学級における学習活動に関しては、各地域でさまざまな工夫がなされていたこと、青年たち自身の手でその時々の課題を認識し、つくり上げられていた学習活動であったことがわかる。

高度経済成長下の子ども・若者を取り巻く教育問題

子ども・若者を取り巻く教育問題に関しては、どのようなテーマが教育問題として捉えられていたのか、そのテーマに関して住民はどのような学習活動を行っていたのかについて注目をしていきたい。

まずは阿智村で話題となっていた教育問題は、新村建設の目玉事業となっていた統合中学の開校に関するものである。例えば、『あちむら』第一二号で「統合中学問題特集」が組まれ、基本構想の詳細が報告されている。「中学校統合の必要性と統合前後の比較」という記事の中では、統合中学の背景が説明され、小規模校を適正規模に統合整備することの意義が示されている。当時の学級数は、会地中学校七学級、伍和中学校五学級、智里東中学校三学級、智里西中学校三学級であり、統合されれば一二～一五学級となる。また、中学校を統合する効果として、教育的効果、財政的効果、行政的効果をあげながらも、利点ばかりではないとし、通学距離の問題、建設費や土地の問題、廃校になる学校への愛着の問題を取り上げている(10)。

次に、旧上郷村では、学校の施設や設備の充実に関する記事も多くみられた。例えば、上郷小学校の増改築について、度々取り上げられている。『かみさと』第二四九号では校舎の老朽化と児童数の増加によって学校側から一九六九年九月に学校、教育委員会、理事、総務委員会の懇談会の時に申し出されたとある。また、上郷の人口増加率が過去五年間で一四・二％と長野県一であり、今後も学級数が増加する見込みであることから増改築が急務であることが説明されている。[11]これに対して、『かみさと』第二五五号では、住民二人の声が掲載されている。一つは、父兄からの声であり、小学校建築について、人口増に対応できるだけの施設・設備と体力向上のための運動場・遊び場の確保、そして早く新しい環境で学べるよう早期完成を望む声が掲載されている。もう一つは、町財政の現状を考えて優先すべき事業が後回しにならないかどうかを懸念する住民の意見である。[12]このように慎重な意見を掲載しながらも、その後も建築工事の様子が報告されている。

一方、国立市では、人口増にともなう学校教育の問題として、学校給食センターや高校増設が取り上げられていた。例えば『くにたち公民館だより』第九〇号では、給食施設問題の経過と課題に対する市民の考えが紹介されていた。「昭和40年頃になると、各地に建設され出した給食センターがそれなりの成果と問題点を示し始めたこともあって、市民の間には単に給食センターの促進ではなく各校方式との比較を考える人たちが現れてきた」と紹介され、結果として、学校給食施設センター方式で建設が決定されたと報じられている。[13]次に高校増設については、『くにたち公民館だより』第三一号で、「テーマは学校施設の問題、高校増設運動をどう進めるかなど」として、PTA連絡協議会と教育委員長、教育長と話し合いの場が設けられたとある。[14]

さらに、国立市では、学力テスト問題、教科書問題、高校進学をめぐる問題、勤務評定問題について、PTA連絡協議会と教職員組合国立地区協議会（以下、教職員組合）を中心とした一連の学習事業が展開されている。文部省の一斉学力テストをきっかけに、PTA連絡協議会が教育委員会及び教職員組合と懇談した記事が掲載されており、教職員組合は学力テストに対して反対していること、教職員組合、PTA連絡協議会、民主教育を守る会の共催で「学力テスト問題の学習会」が開かれたことが報じられている。[15]さらに『くにたち公民館だより』第四七号では、「子どもの教育」というテーマで、高校全員入学の問題が取り上げられ、子どもたちに安心して高校教育を受けさせたいと願う小学校のPTAを中心とした国立町高校問題対策協議会が開かれたことが報じられている。[16]勤務評定問題については、国立町にある公立小中学校PTA幹部が集まり勤務評定問題について話し合いを行ったことや、PTA連絡協議会が勤務評定に関する声明を出したことが報じられている。[17]さらに、『くにたち公民館だより』第一八号では「教育は守られているか　勤評は国民の問題」という特集で、教育長・教職員・PTAによる勤務評定に対する態度と意見が掲載されるなど、紙面を通して住民に問題提起がなされていることがわかる。[18]

このように教育問題に関する記事を分析すると、当時住民がどのようなことに関心をもっていたのか、さらにその問題についてどのような学習活動を行っていたのかがわかる。まず、阿智村における統合中学の問題は、高度経済成長の基盤づくりといわれる「昭和の大合併」と連動した学校統廃合の顕著な例であり、新村建設事業の一大イベントとして大変な事業費をかけながら、長い期間、村内で慎重な検討が行われていたが、建設過程で災害や用地問題で工事が遅れるなど多難であった。しかし、その詳細を館報で取り上げレポートし、時には論争的に取り扱うことで、住民の合意形成に一役を担っていることがうかがえる。また、旧上郷村における学校の増改築に関する記事は、阿智村と同様に人口問題にどのように対応していくのかといった、高度経済成長期における農村が抱える問題について共通していた。さらに、国立市で取り上げられていた学力テスト問題や勤務評定問題は、この時期全国的に話題となっていた教育問題であり、時には対立する意見を掲載するなどして、住民の学びを促す媒体として位置づいていたのではないかと考えられる。

子ども・若者への関心と教育政策への問題提起

ここまで、高度経済成長期における子ども・若者をめぐる状況や課題について、当時の公民館報ではどのように取り上げられていたのか、特に農村と都市における傾向性の違いに注目しながら分析を行ってきたが、三つの公民館報に共通する点として次のような点があげられる。

一つ目は、農村部と都市部で違いは見られるものの、子どもの卒業後の進路や青年の暮らしについて詳細に伝えられるなど、生活に密着した新聞であったという点である。その背景には、一九六〇年代に展開された高校全入運動という大きな社会の動きがあり、おそらく高度経済成長期でなければ、中学卒業後の進路に関する記事や青年学級に関する記事は取り上げられなかったはずである。

二つ目は、教育問題に関する記事などから、時には教育政策への疑問から論争となりえるテーマも取り上げていた点である。このことから、公民館報は単なるお知らせにとどまらず、住民の学習を促す媒体であったと考えられる。今回、編集過程にまで立ち入った分析を行うことはできていないが、記事を書くための取材過程自体が住民の学びとなり、さらにその学びのアウトプットである館報の記事が他の住民の学習教材になるようなこともあったのではないだろうか。

注

（1）『あちむら』第二一号、一九六二年三月一七日。
（2）『あちむら』第三四号、一九六五年二月一三日。

（3）『かみさと』第九四号、一九五七年三月一〇日。
（4）『あちむら』第四号、一九五七年八月七日。
（5）『かみさと』第一一七号、一九五九年六月一五日。
（6）『かみさと』第一三三号、一九六〇年九月一五日。
（7）『かみさと』第一八三号、一九六五年八月一〇日。
（8）『くにたち公民館だより』第一二号、一九五八年九月一日。
（9）『くにたち公民館だより』第一一一号、一九六九年六月五日。
（10）『あちむら』第一二号、一九六〇年二月二五日。
（11）『かみさと』第二四九号、一九七一年二月二〇日。
（12）『かみさと』第二五五号、一九七一年七月二五日。
（13）『くにたち公民館だより』第九〇号、一九六七年九月五日。
（14）『くにたち公民館だより』第三一号、一九六二年九月一日。
（15）『くにたち公民館だより』第六四号、一九六五年七月一日。
（16）『くにたち公民館だより』第四七号、一九六四年一月一日。
（17）『くにたち公民館だより』第一二号、一九五八年一〇月一〇日。
（18）『くにたち公民館だより』第一八号、一九五九年八月一〇日。

（竹井　沙織）

5　女性の自立と地域課題への取り組み

婦人会などの婦人団体による生活課題への取り組み

各地域の婦人会などの婦人団体は、それぞれの地域における生活課題を発見し、その改善に取り組んでいた。例えば、阿智村では、婦人会は新生活運動を推進する上で重要な役割を担っており、一九五八年に婦人会と公民館が共同して新生活運動に関する申合せ規約を作成し、婚儀改善、虚礼廃止等について具体的な項目を掲げながら進めていくことになった(1)。また、一九六三年に横川集落で出火があった際に、「ポンプの操法を知らないため、みすみす全焼するという憂き目にあった」ことを受けて、横川部落の婦人会が話し合いを経て「横川婦人消防隊」を発足させたことが報じられた(2)。

旧上郷村における婦人会は、地方選挙に対する申し合わせとして、選挙にかかる接待等の手伝いをやめること、公明な選挙活動の実施の訴えなど、地域問題に対して積極的に取り組む姿勢が伝えられている。また、若年女性層を包摂する組織としての若妻会は、結婚して間もない女性が「地域になじむこと」を課題として掲げ、家庭内に閉じこもらずに視野を広くしていく必要があることから、地域の工場や福祉施設への見学視察を行っていた(3)。さらに、婦人会と若妻会が中心になって開催する婦人問題研究集会も注目される。初回の集会は、「よりよい社会をつくるために、婦人たちがどのように協力しあっていったらいいかを身近な問題を話し合う中で考え、問題解決の方向をみいだそう」という趣旨で行われ、身近にある問題に取り組もうとする様子がうかがえる(4)。

国立市では、女性団体やサークルが際立って多く、常に一〇以上の団体が組織されていた。なかでも精力的な活動を展開してきたのは「くにたち婦人の会」である。同会は、文教地区指定運動をはじめ、女性の教養の向上に向けた活動やサークル活動、原水爆禁止運動や公民館集会所建設運動といった住民運動、町民運動会といった地域行事において常に中心的な推進力を担ってきた(5)。他に、市内各地区で組織された地域婦人会は、公会堂の設立に向けた運動や生活環境向上の運動、物価の値上がりに関する学習会など、生活に関わる問題に向けた活動に取り組んでいた(6)。

新生活運動の推進

阿智村における新生活運動に関しては前述した通り、婦人会は婚儀改善、虚礼廃止を推進するうえで重要な役割を果たしていた。その他、新生活運動は住民の健康問題と関連づけて報じられることが多かった。例えば、農繁期における農村婦人の貧血を問題視し、過労と食生活の質の低下という課題に対して、共同炊事や副食物の共同購入などを通じた改善策が提案されていた(7)。また、智里地区と春日地区における健康調査の結果が報じられ、兼業農家の増加と主婦農業の増加にともなう「農夫症」への懸念や、伍和青見平開拓部落の婦人有志が屋外で働く時間を確保するために電気釜を共同購入するといった動きが報じられた(8)。こうした営農改善としての共同炊事や共同購入などといった営農形態の転換は、健康な生活を求める農業従事者の声が発端となり、新生活運動の文脈と重なって議論されてきた大きなテーマの一つとなっている。一方、旧上郷村では、時間励行や衛生管理などといった住民の生活習慣改善に力を入れていた。例えば、時間励行に関しては、一九五八年に公民館、婦人会、青年会の三団体の発起により、「新生活は時間励行より」と「上郷村時間励行推進委員会」が結成され、時間励行運動を続けていくことになった(9)。

国立市における新生活運動は、婚儀改善や生活の安全などに関連する記事が多く見られる。婚儀改善に関しては、結婚式の簡素化の推進にとどまらず、結婚のあり方の歴史的変化をたどり、現代のさまざまな結婚の問題や性の解放、女性の生き方などをテーマとする講演会の開催が報じられた[10]。また、地域の住民たちが自ら交通安全や環境整備の課題に取り組む記事が見られる。例えば、交通量の少なかった大学通りは、通勤のためのマイカー族の青空駐車場と化した問題に対し、交通安全、環境美化の点から駐車禁止にすべきだという市民の意見が出されているが、道路交通法上ただちに実行できなかった。そこで、東区に住む主婦たちは、大学通りを「市民に必要な生活空間─憩いの場」として考え、「大学通りの一日解放」を求める請願を市議会に提出し採用されたと報じられていた[11]。

保育事業の充実と障がい児・者への取り組み

保育事業の充実は、この時期における各地域に共通した課題であった。阿智村では、一九六一年に地区ごとに設置状況の異なる保育所の充実が課題とされたものの、実際の問題として経費不足が懸念されていた。その二年後に、常設の保育所の設置が望まれていた智里東・智里西地区に、国庫補助による僻地保育所の開設を実現した。しかし、一九七〇年に「春日、駒場、伍和、智里東、智里西、横川の六保育所があり、他町村にはみられない児童福祉への積極的な対策がはかられてきた」なかで、「人口減少にともなって入所対象児童がへり、今までの園児の数を確保することが困難になった」として、保育所統合が立案されたことが報じられた[12]。その一方で、工場誘致による工場の増加、経済生活の向上に伴う通勤・内職者の増加によって保育所を必要とする家庭が増えていること、他方では幼児教育が重視される傾向の中で保育所の位置づけをどう考えていくかなどといった論点も提起されていた。

旧上郷村の場合、一九七〇年に三歳児をもつ母親を対象に「家庭教育学級」を開講する際、新しい試みとして子どもの「臨時保育」を導入した。母親たちは受講している間、子どもを預かることができるほか、受講後三歳児検診も行われていた[13]。

国立市では、一九六七年に「若いミセスの教室」の修了者が結成した「母と子の勉強会」が、「公民館での講座や集会に参加する若い母親が、その時間だけで乳幼児を預けるような施設を公民館に設置してほしい」という請願を市議会に提出して採択され、翌年に公民館保育室の設置を実現した[14]。また、「母と子の勉強会」は保育室開設後も遊具や保母の拡充などの改善のために、公民館に要望を出すこと、話し合いの機会をもつこと、保育問題や行政の状況、母親たちが求める保育園像などの内容をまとめたレポート『望ましい保育園像を求めて』を出版するといった活動を行い、公民館保育室に限らず国立市における保育事業の拡充を図っていた。

障がい児・者の支援に関しては、国立市における「国立町手をつなぐ親の会」の取り組みが注目される。国立町手をつなぐ親の会は「特殊学級父母会から発展してきたもので、知恵のおくれた子等のために積極的な活動をすすめ、広く全国的なつながりも持っていく」ため設立された[15]。同会は、教育委員会との共催、国立市福祉事務所の後援で、「心身障害児の早期発見と早期治療」「特殊教育の現況と就職後の問題」などを学ぶ場をつくり、それぞれの専門家が講演を行った[16]。また、毎週一回公民館保育室を利用して保育活動を続けており、夏に市営プールで障害を持つ子どもたちの水遊びや、「〝ちえおくれ心身障害児〟の問題をみんなのものに」の賛助会員の募集などの活動を行い、障がい児とその家族の交流の機会など広い範囲での学習機会を提供した。

婦人学級・婦人教室による学習活動

公民館の活動の中で、婦人学級・婦人教室による学習活動が盛んであった。例えば、旧上郷村の場合、一九六一年の婦人学級は音楽教室、生花教室、農業教室、茶道教室、読書教室の五コースを設けた記録がある。なかでも音楽教室の活動が際立って活発であり、一九六二年に郡公民館が主催する「生活を高める研究集会」における婦人コーラス発表会に参加したことをはじめ、翌年の長野県母親コーラスまつりで優秀賞に入賞し、さらに翌年から長野県農村の歌声コンクール中南信大会で連続一位を獲得していた。また、一九六八年に幼児教育とりわけ三歳児教育の必要性から、若妻会の会員などを対象に家庭教育学級が開設され、結婚や家族計画の問題、子どもの健康、子どものしつけなどについての講演や話し合い学習が行われた。

国立市では、女性を対象とする多様な婦人教室が開設されていた。「くにたち婦人教室」は、もともと国立に移住した婦人たちは学習の機会も集まりももたない人が多いという経緯から、開設されたものである。初回は主として家庭の若い主婦を対象に、主婦とその家族の生活をめぐる問題について、月二回専門講師の話を聞き、必要に応じてグループ学習を行うかたちで実施された。受講者には、今まで育児などに追われ、外へ出たり勉強したりする時間を自由に持てなかった三〇代の主婦が多かったと報じられていた。第二回以降の婦人教室は、三〇歳までの若い主婦を対象とした「若いミセスの教室」、昼間働いている婦人を対象とした「はたらく女性の教室」、公民館からやや離れた地域に住む婦人のための「移動教室」、公民館へ出かける自由な時間を持てない既婚婦人のための「通信婦人教室」などが開かれ、異なる層の女性が参加しやすいように、多様な学習機会が提供されていた。さらに、教室修了後受講者が学習の記録を文集にまとめ発行したり、読書会などの自主的なグループを組織したりすることで、自ら学習活動を継続していった。

女性問題の自覚化

さまざまな学習活動がすすんでいく中で、誌上では家庭のあり方や女性の生き方などを考える女性の声があらわれた。例えば、旧上郷村では、ある女性が、現状の家庭生活の「古さ」に妥協し、姑に従う「所謂良い嫁」になることを問題としてとらえ、次のような解決策を提案していた。「同じ立場の仲間を一人でも多く作ったらどうでしょうか。そんな仲間が二人三人と加わって嫁さんの会が出来たらすばらしいと思います。（中略）そんな中で喜びや、楽しみを共にしながら、生活の現場で起きた問題や疑問をみんなで話し合って、女性が明るい笑顔で人間的な生活が出来る様な方法を見い出してゆかねばと考えます」[17]。この記述の中には、彼女が家庭における新旧思想の衝突に対して、同じ立場の女性たちの連携を呼びかけ、仲間同士で生活の中で起きた問題や疑問を共有し話し合うことで、女性が人間らしい生活を送る方法を模索しようとする姿勢を読み取れる。

さらに、家庭から出て働く女性が増える中で、その過程で女性が直面する新たな課題が浮き彫りになっている。例えば、一九六九年の旧上郷村婦人総集会では、「共稼ぎのなやみ」という議題が取り上げられた。そこで、「どこの家庭の実情からいっても、主婦が働きに出なければやっていけない時代の中で、その悩みとするところは数多い。中でも共働きをするうえで絶対的条件になるのは、家庭内の理解である。もっと夫や家族の人たちがその立場に理解をしめされたい[18]」と述べられており、経済的に主婦が働くことが必要とされる状況下で、家庭内の理解が不可欠であることが強調されている。また、国立市においては、二人の子どもを育てながら保育園の保母として働いている「はたらくおかあさん」の声が掲載されている。彼女は自身の経験を通じて、女性が働くためには「安くて安心して預けられる保育園が近くに」あることが必要とし、「家庭に帰れ」といわれる中で、生活のために働かざるをえない女性たちが少しでも働きやすい環境を整えてほしいとの願いも述べている[19]。このように、女性が働くためには、家庭との両立が大きな課題としてあげられており、家族の理解と保育施設の充実が求められていたのであった。

注

(1)『あちむら新聞』第六号、一九五八年一〇月一三日。『あちむら新聞』第九号、一九五九年年九月三〇日。
(2)『あちむら新聞』第二六号、一九六三年三月二七日。
(3)『かみさと』第二六九号、一九七二年九月二五日。
(4)『かみさと』第二〇一号、一九六七年二月二〇日。
(5)『くにたち公民館だより』第二三号、一九六一年一〇月一日。
(6)『くにたち公民館だより』第九号、一九五八年四月三〇日。『くにたち公民館だより』第四〇号、一九六三年六月一日。
(7)『あちむら新聞』第四五号、一九六八年三月三〇日。
(8)『あちむら新聞』第一五号、一九六一年二月七日。『かみさと』第四七号、一九六八年一一月一六日。
(9)『かみさと』第一〇八号、一九五八年九月五日。
(10)『くにたち公民館だより』第一六二号、一九七三年九月五日。『くにたち公民館だより』第一六四号、一九七三年一一月五日。
(11)『くにたち公民館だより』第一二七号、一九七〇年一〇月五日。
(12)『あちむら新聞』第四九号、一九七〇年二月一六日。
(13)『かみさと』第二四二号、一九七〇年七月二五日。
(14)『くにたち公民館だより』第九〇号、一九六七年九月五日。
(15)『くにたち公民館だより』第四五号、一九六三年一一月一日。
(16)『くにたち公民館だより』第九〇号、一九六七年九月五日。『くにたち公民館だより』第九一号、一九六七年一〇月五日。
(17)『かみさと』第九八号、一九五七年九月一日。
(18)『かみさと』第二二七号、一九六九年三月二五日。

(19)『くにたち公民館だより』第七四号、一九六六年五月一日。

（徐　真真）

6　アジアの中で考える平和と人権

満蒙開拓という負の遺産に向き合う

満蒙開拓団として送り出された約二七万人のうち、長野県出身者が全国最多だったといわれている。そのため、阿智村と旧上郷村の公民館報では、満蒙開拓に関する記事が取り上げられていた。

その中で、特に阿智村の館報では、満州で亡くなった阿智村関係者の慰霊法要に関する記事が多く記載されている点は特徴的である。長岳寺住職の山本慈昭が、中国人殉職者の遺骨の一部の送還と、中国人強制連行者の名簿を渡すため中国を訪問するとあり、その背景には、満州に放置されている日本人の遺骨収集と供養を実現したいという思いがあった[1]。また、日中国交が回復されていない中で、全国で初めて「日中友好の碑」が長岳寺境内に建てられ、「日本と中国が仲よくして一日も早く満州開拓犠牲者の遺骨収集と中国に残されている日本人が帰国できるようにとの願いがこめられている」とある[2]。また、二〇一三年四月に阿智村では満蒙開拓平和記念館が開館するなど、満蒙開拓を自分たちの問題として引き受けている。

旧上郷村では、時を経てようやく帰国できた満州開拓民の活動が報告され、「二度と戦争の苦しみ、悲しみをくりかえさないよう満州開拓団と義勇軍に従事したことのある方々が、野底山姫宮神社入口に、開拓記念碑を建立し、犠牲者の霊を慰めるとともに、世界平和を祈願した」と述べられている[3]。このように、満蒙開拓という負の歴史に向き合い、平和への願望を抱えている阿智村と旧上郷村の村民たちの姿が見られる。

広がる原水爆禁止運動

三つの公民館報とも、原水爆禁止運動に関する記事の記載があった。阿智村と旧上郷村では、村ごとに原水爆禁止協議会が結成され、公民館を拠点に禁止運動が行われている[4]。阿智村の原水爆禁止協議会の結成大会では、世界大会出席者による報告会や広島と長崎の原爆被害者の一〇年後の生活を追ったドキュメンタリー映画の上映が行われている[5]。都市部の国立市では、原水爆禁止くにたち協議会が結成され、原水爆禁止世界大会の開催と合わせ、学習と討論を行った。そこで、異なる立場の市民から原水爆禁止への意見が出されており、原水爆禁止のあり方をめぐる議論が活発になされていた様子が記載されている[6]。このように、村民や市民が原水爆禁止に対する関心の高さがうかがえる。

変動するアジア情勢からみる平和

まず、日米安全保障条約に関する記事が取り上げられる。阿智村では、日米安全保障条約の改正について、阿智村連合青年団による村長、村議会委員選立候補者に対する質問状が掲載されている[7]。そこでは、「過去の一方的な条約を日本が対等の立場になるよう改正することは当然だと思う」という村民の意見がある一方で、「安保条約は破きしなければいけないと思います」という反対の意見も出されている。旧上郷村では、安保条約阻止上郷村共闘会議が結成され、安保条約の改定過程について詳細にレポートされたうえで、旧上郷村における安保改定反対闘争の軌跡が整理されている。(8) このように、当時日本を揺るがしていた日米安全保障条約改定に関して、阿智村と旧上郷村では論争となっていた様子がうかがえた。

次に、日本国内の沖縄における基地問題を中心に記事が載せられている。旧上郷村では、青年団員三名が行った沖縄視察の報告記事が連載され、国立市では、「沖縄の今日何がどのように問題なのか」と題した特集が組まれている。そこでは、戦争の痕跡などが紹介され、住民に沖縄について知る義務があるのではないかと問いかけがなされている。(9)

さらに、日本国内を超え、日韓問題や、当時世界を巻き込むかたちで長期化しているベトナム戦争についての記事も掲載されている。旧上郷村の館報では、「論壇　ベトナム戦争に思う」というコラムが設けられ、そこに「世界の情勢はその戦争が早く平和的に解決することを切望している」と解説されている。(10) 関連して、国立市では、「ベトナム戦争と日本の役割」と題した公民館月例講演会(11)のようなベトナム戦争に関する活動だけでなく、「日韓問題の本質と将来」と題した講演会も行われていた。(12)

このように、当時日本国内外に直面している戦争に関わる課題が公民館報で報じられ、そこで日本国民は戦争自体や戦争の遺留問題に対する思いがみられ、日常生活での考えを通じて平和の大切さを感じているようにうかがえる。

高まる民主主義と自由への関心

一九五七年に、阿智村と旧上郷村において、人権宣言が発布された「世界人権デー」を記念した人権週間では、人権に関する記事が記載されている。そこで、児童の権利尊重、個人名誉の尊重、暴力の排撃、売春の防止が中心的なテーマであることが紹介されている。[13] これらの内容を通じて、民主的な方法で国民の権利と自由を主張し守ることや、基本的な人権の確立を図ることが目指されている。国立市の館報では、人権宣言については触れていないが、憲法記念日と文化の日において、平和憲法の理念など憲法をめぐる学習活動が行われていた。市民が憲法を守る主体であるという考えのもと、館報では、憲法の制定過程や九条の解釈などの改憲をめぐる焦点を学習資料として提示し、住民に対してこのことに主体的に向き合う必要性を訴えている。[14] 人権と憲法に関する記事の数は多くはないが、地域において平和を望み、民主と自由への関心が高まっているように読み取れる。

注

(1)『あちむら新聞』第三二号、一九六四年九月三〇日。
(2)『あちむら新聞』第四〇号、一九六六年九月二五日。
(3)『かみさと』第二五九号、一九七一年一一月二五日。
(4)『かみさと』第一〇二号、一九五八年二月一〇日。
(5)『あちむら新聞』第四号、一九五七年一二月二〇日。
(6)『くにたち公民館だより』第三二号、一九六二年一〇月一日。
(7)『あちむら新聞』第一四号、一九六〇年一一月二七日。
(8)『かみさと』第一三一号、一九六〇年七月一〇日。
(9)『くにたち公民館だより』第二九号、一九六二年七月一日。
(10)『かみさと』第一八二号、一九六五年七月一日。

(11)『くにたち公民館だより』第六四号、一九六五年七月一日。
(12)『くにたち公民館だより』第六六号、一九六五年九月一日。
(13)『あちむら新聞』第四号、一九五七年一二月二〇日。『かみさと』第一〇〇号、一九五七年一二月八日。
(14)『くにたち公民館だより』第三九号、一九六三年五月一日。

（王　倩然）

第3章

教育福祉から見る青年期教育と家庭教育

1　粟島の海運・船乗り文化と青年期教育をめぐる地域変動

地域の伝統的な職業教育機関としての粟島海員学校

本節では、高度経済成長期の青年期教育をめぐる地域変動を描写することを目的として、戦前から続いてきた地域の伝統的な職業教育機関の位置づけと廃止による影響について考察を行っていく。具体的には、四国・香川県三豊市に属する粟島にかつて存在した「粟島海員学校」を事例にとりあげる。

粟島や粟島海員学校に注目する主な先行研究としては、一九七三年に香川大学教育学部地理学教室が行った地域調査の成果『粟島・志々島の基礎研究』に収録される諸論考、特に粟島海員学校の機能について人口移動の観点から考察する合田栄作(1)や、一九九一年に立命館大学人文科学研究所が行った実態調査『船員の島における経済基盤と空間構造の変化』に収録される諸論考、特に粟島海員学校を地域の主要な経済基盤と位置づけてその影響を考察する香川貴志(2)のほか、粟島における高度経済成長による影響と人口変動とを関連付けて考察する前川昌子(3)などの研究がある。いずれの研究においても、粟島という島嶼部の抱える社会問題を分析する軸として「人口移動」という視点が据えられ、地理学の視点から分析がなされている点が共通している(4)。これらの先行研究の成果に学びつつ、本節では主に粟島海員学校と地域住民の暮らしや学びとの関わりに焦点を当てた検討を通じて、高度経済成長期前後の島嶼部の地域変動を捉えていくことを試みる。

なお、以下では、粟島の海員養成機関の名称の変遷として「粟島海員補習学校」「粟島航海学校」「粟島商船学校」「粟島海員養成所」「粟島海員学校」などが登場するが、本節ではそれらのあゆみを記述する際に、総称して「粟島海員学校」と表現することがある。

粟島の海運・船乗り文化と二つの青年教育機関

粟島は、塩飽諸島を構成する島の一つで、香川県荘内半島の北側に位置するスクリュー型の地形をもち、一八九〇（明治二三）年町村制施行以来、一九五五（昭和三〇）年に詫間町へ吸収合併されるまでは、その東に位置する志々島と共に粟島村を構成した。香川県には二四の有人島が存在しており、それぞれの島に特有の生活文化の発展がみられる。なかでも粟島を含む香川県西部の備讃瀬戸にある島嶼群である塩飽諸島には、古くから海上交通の要衝として栄えた歴史がある。紀伊水道と豊後水道の潮流がぶつかる土地柄から、速くて複雑な潮流がその土地に高度な操舵術をもたらし、中世には塩飽諸島に拠点を置いた塩飽水軍が守護大名の水運を担当したり、時の将軍に随行したりするなど、優れた船乗りを輩出する地域として全国的にその名を知らしめてきた。やがて上方と奥州を結ぶ北前船の西回り航路が開通すると、塩飽の海運・船乗り文化は最盛期を迎える。

やがて洋型船や蒸気船の登場による船の操縦技術の変化にともない、一八九七（明治三〇）年五月一日に日本で最初の海員養成機関「粟島海員補習学校」が塩飽・粟島に設立されることとなる。その後は所管の移動・改称・廃校・移転などを経て、一九八七年（昭和六二年）の廃校に至るまでに多くの海員を輩出し、塩飽・粟島の海運・船乗り文化の継承と発展を担う機関として地域に根づいてきた。

粟島の青年教育について検討するにあたり、明治期に設立された粟島海員補習学校のほかに、昭和初期に設立された粟島青年学校に注目したい。青年学校は一九三五（昭和一〇）年に公布施行された青年学校令を根拠として、一九四七（昭和二二）年の学校教育法の施行に伴って青年学校令が失効されるまで続いた青年教育機関である。青年学校については、政府や軍部による戦争遂行のための兵力確保という目的から、軍事教練の実施などに取り組んでいた点が強調されることが多いが、その一方で、粟島青年学校関係者は勤労青年に対する教育機会の拡充への問題関心をもち、教育施設の整備や教育内容の充実についての論考をまとめ、島嶼部における教育機関の困難を次のように書き記している。

粟島青年学校の教諭だった紀豊の記述によると、香川県内の青年学校の中でも、粟島青年学校の出席率や教練の成績は芳しくなく、島の困難な経営状況の中で不十分な予算と小学校教員の兼任ばかりであったことが指摘されている。(5) 紀は粟島青年学校の教員の暮らしの実態として「村が海上の一孤島である関係上、自分の村の家から通えるものはこの村の者より外は無い。他の多くの者は下宿して土曜日に帰り、月曜の朝来る生活をして居る。本来ならば妻子を連れて家を持ち、其処に腰を据えて教育に当たるべきである。然し薄給なのでそれも困難なのか、香川県地方の島嶼の小学校の教員は下宿または自炊して土曜日に帰る人が多い。その中に便利の良い所へ転任して、次に新しい人が来る。この為に教育の能率の上がらぬ事は相當甚大である(6)」として、島嶼地域における教育の困難を語る。

一九三五（昭和一〇）年の時点で粟島青年学校の教員数は九名、生徒数は普通科・本科・研究科を併せて七八名で、香川県内の他の島嶼部と同様にその規模は比較的小さかった。(7) 教育内容としては、特に職業科において半農半漁の暮らしである村の状況を踏まえ、女子部に農業、男子部に農業と水産を教えた。粟島村では、「鰯地曳網、章魚縄、延縄、大謀網、建網等で何れも小資本小規模で遠洋漁業など出来ない。皆沿岸漁業ばかり(8)」というように、地域の漁法の特徴を踏まえて、「漁撈法と共に製造法、養殖法についても相當の指導が必要である(9)」というように、漁法のみならず水産業の工程全般に通用する教育内容が思案されていた。なお、水産科目の実地指導の方策に関する記述には、粟島海員学校との関係は言及されておらず、教育資源や施設の共有などの事実があったかは必ずしも明らかではない。

他方で、粟島という土地で粟島青年学校に先んじて大規模に青年期教育を展開していたのが「粟島海員学校」であった。設立の背景にあるのは、明治政府による海技資格制度および海技免状に関する規定の制定（明治九年）と、船舶職員法の整備（明治二九年）である。明治時代初頭の日本では、海運事業を重視する一方で、船舶運用の技術水準が低く、西洋型船舶の船長や機関長といった要職者には外国人を雇用するなどの状況があった。そこで明治政府は試験制度を整備し、国家試験による海技免状の取得を義務づけるとともに、そのための養成機関の設置を促すなどして、海運事業関係者の質の保証と安定供給を目指した。一八七五（明治八）年一二月には商船乗組海員の養成施設の起源となる「三菱商船学校」が設立され、一八八二（明治一五）年に農商務省直轄の官立学校へと改編したほか、一八八一（明治一四）年に大阪、一八八三（明治一六）年に北海道が私立の商船学校を収容して公立へと改編するなどの動きが続いた。こうした中一八九七（明治三〇）年五月には、日本で初めて村立の海員養成の学校機関として「粟島海員補習学校」が創設される。

この海員養成機関は、移管や改称を繰り返しながらその歩みを進めてきた。創設の翌年の一八九八（明治三一）年には三豊郡町村組合立に変更され、一八九九（明治三二）年に三豊郡立に移管されると「香川県粟島航海学校」に改称した。一九〇六（明治三九）年には香川県へ移管され「香川県立粟島航海学校」と改称し、一九四〇（昭和一五）年に文部省へ移管され「粟島商船学校」と改称した。戦時下の一九四二（昭和一七）年には逓信省、一九四三（昭和一八）年には運輸省に移管され、そのまま終戦を迎える。その後、連合国の詮間航空隊進駐軍による学校施設の検分がなされ[10]、海軍関係の教育機関とみなされ、一九四六（昭和二一）年には一度廃校を経験する[11]。やがて宮崎海員養成所の移転を受け入れて一九四七（昭和二二）年から「粟島海員養成所」を併設する形で再開を果たし、一九五二（昭和二七）年に「粟島海員学校」と改称され、一九八七（昭和六二）年の廃止まで続いた。[12] 学校名の推移をまとめると図3-1のようになる。

粟島海員補習学校の創設と地域社会との関わり

一八九七（明治三〇）年の「粟島海員補習学校」創設には、当時の村会議員であった中野寅三郎による提案と、村民の意見をまとめ、自身の財産と敷地を寄付・提供するなどの働きかけがあった。さらには、村財政はもちろん地元住民の協力が不可欠だった。当初の校舎は民家を改良した程度のもので、翌年に三豊郡町村組合立となってからは、経常費を村の財政だけで支出する苦労は減ったが、校地の拡張のために地元負担で敷地を提供している。一九二〇（大正九）年には島の中心地に移転新築することとなり、商店や住宅の密集地で苦労があったこと、粟島村の区有財産だった山林の払い下げをしたこと、粟島小学校長であった安田譲吉の小学校基金に当時の村長が目をつけて、懇願して引き出させるなど資金繰りに苦心したエピソードの数々が残されている。[13]

粟島海員補習学校の修業年限は六年で、職員三一名、生徒

1897（明治 30）　粟島海員補習学校
≀　▽
1899（明治 32）　粟島航海学校
≀　▽
1940（昭和 15）　粟島商船学校
≀　▽
1946（昭和 21）

1947（昭和 22）　粟島海員養成所
≀　▽
1952（昭和 27）　粟島海員学校
≀　▽
1987（昭和 62）

図 3-1　粟島の海員養成機関の名称の推移

一二七名（一八九八年一〇月一日現在）を擁し、普通科、航海術、運用術等を教授した。創設の翌年の一八九八（明治三一）年には三豊郡町村組合立に変更され、さらに翌年の一八九九（明治三二）年に三豊郡立に移管されると「香川県粟島航海学校」に改称された。実業学校令（明治三二年四月一日施行）に基づく商船学校（甲種）[14]に位置づけられ、修学年限は三年が原則となった。同時に機関科が設置され、当初から設置されていた航海科と併せて二つの専攻科の体制が整えられた。一九〇一（明治三四）年度の経費総額七六八三円のうち国庫二〇〇〇円、県費三〇〇〇円の補助をうけており、経費面での地元の負担は一定抑えられていた。[15]

粟島航海学校の教育は厳しいことで有名で、夏休みには「半舷上陸」として生徒が半分ずつ学校に残って庭の水かけ作業や校内掃除をするなどの取組もあった。[16]粟島航海学校の卒業後に広島の呉の海兵団で軍事教育を受けた卒業者は、海軍よりも学校生活のほうが苦しかったと答えるなど、その徹底ぶりがうかがえる。[17]その反面、毎年中途退学者が一定数おり、一九一七（大正六）年は、全体生徒数一三六名に対して二九名が中退し、[18]一九一九（大正八）年は全体生徒数一五九名に対して三五名が中退していることから、[19]概ね二割程度の中退率があったと推察される。とはいえ、一九三七（昭和一〇）年時点の粟島航海学校は、定員二五〇名に対して九九名の予科・本科生と、九七名の実習生[20]が在籍しており、その年の入学者は定員二五名で三二名の受入がなされるなど、[21]粟島青年学校の規模と比べると、比較的大きな規模での展開がなされていた。

厳格な教育方針がとられていたとされる一方で、実際の生徒の学業への姿勢は素朴である。粟島商船学校時代に生徒として在籍した前山照雄は、当時の学業の様子を次のように述べる。「時代は戦時下で、私たちは消耗品の一部に過ぎず、国の教育方針は卒業してから商船に乗船したとき、直ちに運航に役立つ実地面の教育を優先し、理論面は第二次的においていたと思います[22]」と全体的に実践的な教育を重視する傾向があったことについて述べつつ、教員によっては理論的な教育を重視する場合があったことについても触れ、「受け取り方は生徒それぞれ異なったと思います。若くして知識に白紙状態の私は、二つの教え方はそれぞれ正しいと感じ、その場その場で素直に受け入れることが出来ました」[23]と当時を振り返っている。

ところで、粟島海員学校と地域社会及び小・中学校との関係は密接で、島嶼部で地域資源が限られていたことも相まって、施設・道具の共有や催事の共同実施、地域の文化活動の支援などがなされていた。例えば、海員学校には手押し消防ポンプが備えられており、島内で数回火災が発生した際には海員学校の消防隊が鎮火にあたり、授業を中止したり真夜中に出動したりしてまで消火活動に取り組んだとされ、学校の消防隊が重要な役割を担っていた。なお、一九三七（昭和一二）年にはこうした状況が問題視され、粟島消防組が設立されている[24]。一九四〇（昭和一五）年八月には、粟島の青少年教育団体の「海洋少年団」が結成され、粟島商船学校の小型船舶（カッター）を貸して活動を支援したり、海洋少年団の指導者訓練の場として海員学校を開放したりしていた[25]。夏季休暇中には、香川県下の小・中学生を対象に二泊三日の海洋訓練所を開設し、商船学校の用意する計画が実施された。粟島商船学校は施設開放を通じた教育事業にも積極的だった。

粟島海員学校は一九四六（昭和二一）年に一度廃校を経験するも、再開後には小・中学校との密な関係を展開させている。粟島小学校と粟島中学校は一九四七（昭和二二）年の新学制に基づき開校した。特に、粟島中学校については新設する必要があったが、粟島小学校の校地に中学校を併設する余裕がなく、食糧難のさなかに農地をつぶすことも難しかったため、廃校から一年後の一九四七（昭和二二）年に移転してきた宮崎海員養成所の校舎の一部を借用して開校し、一九五一（昭和二六）年に新校舎へ移転するまでその状態が続いた。なお、新制中学の成立と同時に、粟島青年学校が廃止されたことについて、粟島中学校初代校長の白井一雄による回想録が参照される。「中学校の整備と併行して、青年学校の廃止の仕事が待っている。戦争遂行の使命感に燃え、身を挺して護ってきた青年学校の廃止である。敗戦とともにその使命を終え、死守した青年学校を自らの手で終止符を打つのである」[26]。政府による新学制の敷設は、地域の青年教育機関の転換をもたらす一つの契機だった。

粟島村の体育祭は、小学校・中学校・海員学校をはじめ地域住民が広く参加する催事として人々の記憶に刻まれている。元ＰＴＡ会長などを務めた都築務は、「秋の体育祭は、島を挙げてのお祭りでした。幼・小・中・海員学校並びに地元青年団・婦人会合同のにぎやかなそれぞれの入場行進や華やかな中学生のフォークダンス、仮装行列、小中の地区対抗リレー、詫間音頭の総踊り等年を重ねる毎に懐かしく想い出されます」[27]と振り返る。体育祭を開催するような広い敷地を確保するうえでも、海員学校との連携協力は必須であったと考えられる。

一九四七（昭和二二）年八月には、粟島海員養成所長の市川進が発起人となって「粟島文化会」が結成された。機関誌「文化会報」の発行を主な事業とし、島民の教養・政治経済・産業・趣味など多方面の事柄に関する意見や文芸が掲載・発表されていた。また、粟島海員養成所の全職員と島の希望者が話し合う場を設けたり、機関紙「文化会報」（昭和二五年七月一五日発行）の印刷者として「粟島海員養成所文化会報編集係」が関わったりするなど、再開から間もない時期であったにもかかわらず、粟島海員養成所が地域との交流や文化活動を支援しようとする姿勢がみられる[28]。なお、粟島文化会は一九四七（昭和二二）年一〇月設立の詫間文化協会が「学術部・精神文化部・生活文化部・文学部・芸術部・劇映部・音楽部・体育部の部会に分かれてそれぞれ文化活動をしたが教育委員制度が整備し、公民館が置かれるようになって発展的に解消した」ことを受け「詫間同様教育委員会発足とともに解消」している[29]。

高度経済成長期の地域変動――粟島海員学校の閉鎖とその影響――

終戦後、一度廃校を経験した粟島海員学校の教育課程は徐々に整備されていくことになるが、その特徴は必ずしも高度経済成長期の変化に沿うものではなかったようだ。まず、宮崎海員養成所に併設する形で再開した粟島海員養成所の修業年限は従来よりも二年短い一年間とされ、一九五二（昭和二七）年に粟島海員学校と改称されたあともしばらく変更はなかったが、一九六八（昭和四三）年に本科が高等科に改編される際に修業年限が二年となった(30)。一九七〇（昭和四五）年の『国立粟島海員学校要覧』によれば、教育の目的は「高能率化のため自動化された商船で甲板・機関部中堅技術者となるために必要な教育を行う(31)」とされ、中学校卒業以上一五歳から一九歳未満で身体強健な者を入学対象とした。生徒が学習する教科としては「国語、社会、理科、数学、英語、航海、運用、船内勤務、海洋気象、信号、海事法規、船用機関、船用電気、機械工作、自動制御、端艇、甲板技業、機関技業、船舶実習、保健体育、水泳(32)」とされ、「第二学年の第一学期まで甲板・機関両科の基礎学科を学び、第二学年の第二学期から甲板・機関科別に分かれて専門学科の授業を行う。第二学年において、航海訓練所の練習船で短期特別乗船実習を行う(33)」として、専門学科の実施と技能の習得を重視したカリキュラム編成だった。粟島海員学校のカリキュラムを修了した者は、別途海技大学校の通信教育を修了することで高等学校卒業と同等資格が認定付与されることになるが、基本的には中学校卒業二年制の本学では高卒資格は得られなかった。高度経済成長期のなかで高校や大学への進学率が大きく上昇し、教育の大衆化が進んだ社会においては、実業に関する専門科目を重視したカリキュラム編成や高卒資格を得られないという特徴が不利に働く場合も少なからずあったのではないだろうか。

ただし、粟島海員学校の教職員は二九名、生徒数は定員一二〇名（各学年六〇名）とされ、全寮制となっていたことや授業料・寮費は不要で、食費のみを自己負担すること、制服や寝具、作業服の一部は全国海員学校後援会や学校から支給、貸与され、奨学金は日本船員奨学会から月額七〇〇〇円が貸与され、成績優秀者には月額三五〇〇円の特別奨学金を支給する制度や、日本海員掖済会から月額三〇〇〇円を貸与される制度もあるなど、経済的な支援策が充実していたことが、一定の生徒数を確保するうえで有効に機能していたとも考えられる。また、入試に関しては、筆記試験の会場が、香川県（本校、高松市）、愛媛県（松山市、八幡浜市、波方市、新居浜）、高知県（高知市、宿毛市）、徳島県（徳島市）の各地とされるなど、複数の試験会場を設けることで生徒の獲得に努めていたことが窺える。

高度経済成長期の前後で、生徒の出身地や進路選択には変化がみられる。一九七〇（昭和四五）年の卒業者の出身地は愛媛県六〇名、香川県四二名、高知二〇名、徳島一二名、広島県一名で、地元香川より愛媛のほうが多かった。[34]また、合田栄作の調査の中でも、一九七二（昭和四七）年の入学者および一九七三（昭和四八）年の一部の入学者の出身地は、愛媛県八六名、香川県六八名、高知県三六名、徳島県一二名、その他三名と、同様の傾向を示している。[35]しかし、一九八五（昭和六〇）年の卒業生三六名の出身地については、香川六名、愛媛四名、徳島一名、高知一名の他に、大阪八名、兵庫六名、岡山五名、広島五名で、幅広い地域から志願者を募るような状況へと変化している。[36]また、一九七五（昭和五〇）年三月の卒業者の進路は、四八名中四六名が日本郵船や第一中央汽船、川崎汽船などの国際航海の海運に従事する企業に就職するなど、好調な就職状況にあった。[37]しかし、一九八五（昭和六〇）年の卒業者の進路は三六名中三名が国際航海の企業に就き、その他はフェリーなどの国内海運企業への就職を果たす結果となった。[38]

これらの変化は、石油ショックの影響から海運業界が不況に陥り、船員需要の低下と機械化、外国人労働者を安価な賃金で採用する動きなどが現れたことを要因として、入学志望者の減少と定員割れ（と同時に入学者募集地域の広域化）、ひいては各地の海員学校の廃校の検討とつながるものである。高度経済成長期の前後で生じた産業構造の変化や景気の変動が、粟島海員学校のあり方にも少なからぬ影響を与えているといえる。

粟島全体の人口減少が大きくなり始めたのも、これらの変化が生じた時期と重なるところがある。前川昌子の報告によると、粟島の定住人口は、一九五一（昭和二六）年ごろの二〇〇〇人をピークとして減少傾向をみせ、一九六五（昭和四〇）年ごろから減少が大きくなり、一九七〇（昭和四五）年から一九八〇（昭和五五）年の一〇年間には四一六名の人口が減少している。[39] 粟島における人口移動の傾向について合田は、粟島海員学校の卒業生の居住地を調査するなかで、粟島海員学校の卒業生は「海運に従事するのが一般的であるため、その居住地は一般の人口移動と異なるものがあることも予想せられる[40]」としながらも、「農村から向都離村という一般の人口移動が示す地域的特色と類似している[41]」と結論づけ、「今日の都市は就業の機会が多いうえに、子弟の教育にも都合がよく、文化生活をするのに恵まれており、船会社の所在地が都市であること[42]」を主な要因として言及している。

さらに前川は、一九九〇（平成二）年には一二〇〇人を下回ったことについて、一九八七（昭和六二）年の粟島海員学校の廃校が人口減少に追い打ちをかけたと指摘する。[43] これと関わって香川は、粟島海員学校閉鎖前後の人口構造の変化を分析する中で、海員学校の学生世代の年齢階級の減少以外にも、それ以上の世代の年齢階級の減少傾向を捉え、「何らかの活動を通じて海員学校の学生たちに関わっていた人々、例えば海員学校の教官や事務官、あるいは学生たちの消費活動を支援する立場にあった商業・サービス業関係者の島外転出が考えられる[44]」と分析する。

一方で、こうした高度経済成長期前後の人口移動に伴う地域変動によって粟島海員学校の継続が危機に陥いり廃校へと向かっていく中、他方では、地域の粟島海員学校関係者及び船員家族らによる組織的な社会活動の展開がみられる。その一つとして、一九七五（昭和五〇）年には粟島出身の船員ＯＢなどが任意で参加して構成する「海友会」が設立されている。会員数は二〇〇一年時点で三五名であり、最盛期には四三名が在籍した。主な取り組みとして、地域の子どもたちにカッターの操舵法を教えたり、地区の公民館活動に参加したりすることがあげられている。[45]

この他に、一九五二（昭和二七）年から続く「海友婦人会」による社会活動が注目される。海友婦人会は、船員を夫とする婦人によって構成され、一九五七（昭和三二）年には全国海友婦人会粟島支部となり、二〇〇一年時点の粟島支部には五三名が加入し、最盛期には約一二〇名の在籍があったとされる。[46]

海友婦人会と粟島海員学校とのつながりについては、子どもたちの成長を精神的に支え見守る関わりとして、具体的には粟島海員学校の「卒業式の後は、船で学校の桟橋を離れてゆく生徒を、会員たちはテープを交わして見送り前途の航路の無事を祈っている。七月の海の記念日には、海員学校、島中の幼・小・中学校の児童、生徒、先生方に、ささやかな記念品を贈り、海運に対する意識を深めるため、子どもたちに海に関する話をしていただいている。九月には競艇、競泳（遠泳）などの行事があり、その時は出発点と決勝点にその地域の会員が出て、それぞれ応援し慰労品を送って励ましている[47]」。この他に、船員家庭の子供たちが乗船している父親に手紙を送る「父の日だより」という行事を主催している。[48]

こうした取り組みのほかに、粟島の海友婦人会会員の一人である木谷貢は全国海友婦人会会長を務めるなかで、一九八四（昭和五九）年に全国海友婦人会の代表者五名を引き連れ、海運、水産及び船員とその家族に関する問題を関係各省庁に対して陳情するなど、精力的なロビー活動を展開している。[49]また、同年七月には、粟島海員学校の廃校案について反対すべく、町長、議長と島の住民代表者の三名のうちの一名として木谷が選ばれ大蔵省と運輸省へ陳情に向かい、海員学校の廃止がもたらす影響の大きさを説明している。木谷によれば、当時の粟島小学校の児童のなかで海員学校関係の教官や職員の子どもが占める割合は二割程度、幼稚園では三割程度とされ、廃校の影響は大きいとする。さらに、海員学校関係者の郵便業務を一手に担う郵便局への影響や、商店・食堂の存続などにも目が配られている点に、木谷の視野の広さと廃校問題の深刻さがあらわれている。[50]

高度経済成長の影響のもと、粟島海員学校の入学者の質的変化や就職状況の変化、さらには存続の危機に直面する中で、ＯＢやその家族・関係者をはじめとした地域住民が結束し行動を起こしてきたことは、海運・船乗り文化を継承し発展させ、自分たちの暮らしを守ろうとする島民の住民自治の精神のあわられだったといえる。

粟島海員学校の存廃論議と自治意識

高度経済成長期の青年期教育をめぐる地域変動を描くことを目的に、四国・香川県の「粟島海員学校」の創設と展開に焦点を当てて検討を行ってきた。冒頭では粟島青年学校に関する記述から、島嶼部における青年教育事業の困難が指摘されたが、明治政府の要請を背景とする中で、むしろその地理的条件や地域の伝統文化を活かし、地域住民の多大な協力を得るなかで粟島海員補習学校の創設がなされた様子が描かれた。

粟島海員補習学校は、所管の移動や改称を複数回繰り返しながらも、地域の伝統的な職業教育機関としての役割を軸に、その存在を地域社会に根づかせてきた。特に、地域及び小・中学校等との関係を整理する中で、施設や道具といった教育資源の提供・共有や催事の共同実施、地域の文化活動の支援など、社会教育活動との関わりを持ちながら地域の教育を幅広く支える役割があったことが明らかになった。

高度経済成長の中で生じた産業構造の変化と高学歴化などの社会変動がもたらしたものは、一方では、地域の大きな教育的基盤となっていた粟島海員学校の質的な変容及び存続の危機、すなわち地域の海運・船乗り文化の継承の危機だった。それは島全体の人口移動という、島民の暮らしの存続に関わる深刻な問題ともつながるものだった。他方では、粟島海員学校の蓄積ともいえるＯＢやその家族・関係者をはじめとする地域住民の結束と社会活動の展開があった。約九〇年にわたる歴史のなかで、島民たちの暮らしを支える教育的基盤としての位置づけを確立してきた粟島海員学校の存廃をめぐる動きは、地域住民の自治意識が発揮される一つの契機となった。

注

（1）合田栄作「人口移動からみた粟島海員学校の機能」香川大学教育学部地理学研究室『地理学研究』第二三号、一九七四年。

（2）香川貴志「粟島における人口構造の変化―海員学校閉鎖のインパクト―」立命館大学人文科学研究所『立命館大学人文科学研究所紀要』第六二号、一九九四年。

（3）前川昌子「島嶼部における高齢化と人口移動―香川県粟島を例として―」兵庫地理学協会『兵庫地理』第五五号、二〇一〇年。

（4）離島の人口問題に関する関心の高まりは一九七〇年代以降のことで、特に高度経済成長期の離島から激しい人口流出がおこった局面に注目し、統計から人口減少の状況を紹介した研究や、人口流出の要因を集落の就業構造の変化と関連づける研究がほとんどとされる（宮内久光「日本の人文地理学における離島研究の系譜（2）」琉球大学『人間科学』一九、二〇〇七年）。

（5）紀豊「我が青年学校の振興方策」青年教育振興会『青年と教育』六（一〇）（六四）、成武堂、一九四一年。

（6）同前。

（7）例えば、近隣の志々島青年学校は教員五名、生徒六二名。同じく塩飽諸島を構成する仲多度郡高見島の高見青年学校は、教員六名、生徒三六名。仲多度郡佐柳島の佐柳青年学校は教員七名、生徒四七名。仲多度郡本島の本島青年学校は教員一〇名、生徒七四名。（文部省社会教育局『青年学校名簿（昭和一一年四月末日現在）』一九三七年。）

（8）前掲（5）

（9）同前。

（10）関西学院大学地理研究会『粟島』二〇〇一年。

（11）一九四六年の廃校時には愛媛県の弓削商船学校へ生徒や事務の一切が移された（中井雅敏『粟島とわたし』鳳書房、一九八七年）。

（12）一九五二年に宮崎海員養成所は宮崎海員学校へと改称し、一九五四年に廃止された（戸所隆「船員の島・粟島をとりまく立地環境と空間構造の変化」立命館大学人文科学研究所『立命館大学人文科学研究所紀要』第六二号、一九九四年）。

（13）紀豊『詫間町郷土誌シリーズ 第一号 昭和六二年度版 船員を育てて九十年粟島海員学校始末記』詫間町文化財保護協会、一九八七年。

(14)商船学校（甲種）は本科のほかに予科を付設でき、一二歳以上で高等小学校二年修了以上の学力をもつ者の受入が可能であった。粟島航海学校では、一九一七（大正六）年時点で二〇名の生徒が予科に在籍した（文部省専門学務局「全国実業学校ニ関スル諸調査（大正六年現在）」一九一八年）。
(15)香川県内務部第四課『讃岐案内』宮脇開益堂、一九〇七年。
(16)真鍋八千代「大高会長を偲ぶ」粟島商船学校同窓会本部『粟島商船学校同窓会誌』第四三号、一九九五年。
(17)前掲（13）。
(18)在籍者数は文部省専門学務局「全国実業学校ニ関スル諸調査」（一九一七年）の大正五年一〇月一日現在の「現在生徒数調」の数値を用い、中退者数は文部省専門学務局「全国実業学校ニ関スル諸調査　大正六年現在」（一九一八年）の「前学年半途退学者調」の数値を用いている。
(19)三鍋太朗「戦間期の商船教育：商船学校における船員養成」大阪大学『大阪大学経済学』五九（一）、二〇〇九年。
(20)商船学校規程第二条では、「甲種商船学校ノ修業年限ハ三箇年以内トス但実習ヲ課スルトキハ相当ノ期間之ヲ延長スルコトヲ得」とされており、その場合の在籍者は文部省専門学務局の「全国実業学校ニ関スル諸調査」のなかで「実習生」とされた。
(21)文部省実業学務局「全国実業学校に関する諸調査（昭和一〇年一〇月一日現在」一九三七年。
(22)前山照雄「諸先生方の思い出」粟島商船学校同窓会本部『粟島商船学校同窓会誌』第四八号、二〇〇〇年。
(23)同前。
(24)前掲（10）。
(25)詫間町誌編集委員会『詫間町誌』一九七一年。
(26)白井一雄「回想　粟島中学校創設時代」『そなれ　五〇年のあゆみ　詫間町立粟島中学校』一九九七年。
(27)都築務「回想　私と粟島中学校の思い出」同前書。
(28)前掲（13）。
(29)前掲（25）。
(30)国立粟島海員学校「国立粟島海員学校要覧」一九七〇年。
(31)同前。

(32) 同前。
(33) 同前。
(34) 前掲(13)。
(35) 前掲(1)。
(36) 前掲(13)。
(37) 同前。
(38) 同前。
(39) 前掲(3)。
(40) 前掲(1)。
(41) 同前。
(42) 同前。
(43) 前掲(3)。
(44) 前掲(2)。
(45) 前掲(10)。
(46) 同前。
(47) 木谷貢「国立粟島海員学校　廃校に揺れる粟島の人々」全日本海員組合本部『海員＝The seamen』三七（一一）(四三六)、一九八五年。
(48) 前掲(10)。
(49) 木谷貢「船員家庭の明日を託して」全日本海員組合本部『海員＝The seamen』三六（四）(四一七)、一九八四年。
(50) 前掲(46)。

（大村　隆史）

2　高校生の読書感想文と勤労青年の読書会

高校生の読書と勤労青年の読書

読書は授業や講義を受けることと並んで、教育的営みの中で大きな位置を占めている。宮原誠一が編集した『青年の学習』において裏田武夫は、人が学ぶ上で、「読書は古くからおこなわれ、ほとんど誰でもがもっとも手近かな学習方法の一つとして経験している」[1]と述べ、青年の学習活動の手段として読書をとりあげている。上岡安彦と竹内真一は社会教育の学習形態として、古くから一般化していた読書会を「青年たちが文化遺産を継承し認識の発展をはかろうとするばあい、しばしばつくられている自主的な学習機関」[2]ととらえ、学校教育制度の枠外にいる青年たちの自己教育の場で読書を用いた学習が実践されてきたことに言及した。

そこで本論では、高校生と勤労青年の読書に求められるものを、読書指導論を中心に考察する。このことを通して専ら学業に取り組む若者と労働に従事する若者がどのようにとらえられていたのか、「二つの青年期」[3]と表現されてきた高校生と勤労青年の様態を明らかにしたい。

青少年読書感想文全国コンクールにおける高校生と勤労青年

夏の風物詩ともいわれる青少年読書感想文全国コンクールは一九五五年、「考える読書」を機軸とした読書感想文を全国に広めることを目的として、全国学校図書館協議会初代事務局長の松尾彌太郎によって提唱され、始められた、現在まで続く読書運動である。[4]

同コンクールの最大の特徴は、学校の読書指導と一体化していることだといわれる。子どもは作品を学級担任・教科担任等に提出し、学校で学級担任・教科担任等による指導が行われ、校内審査等を経て支部審査に送付されることから、読書指導の一環として取り組まれている。学校教育における読書指導の一つとして、明確に位置づけられてきた。第一回コンクールの反省・評価では、「中学校卒業後に職場で働いている青少年は応募できない」という課題があげられ、第二回（一九五六年）からは、「勤労青少年の部」が設けられた。[5]

このことは学校教育を主体とした読書運動に参加する機会が勤労青年にも与えられたことになる。当時、高等学校の進学率は五割弱であり、勤労青年の数はきわめて多かった。このような読書運動が高校生と勤労青年にとってどのようなものであったか注目していく。

応募編数の比較

表3-1は第一回からの応募編数のうち、高校生と勤労青年の数を抽出したものである。[6]

高校生に比べ、勤労青年の応募数は極端に少ない。高度経済成長期に高校進学率が著しく上昇し、勤労青年の数自体は減少していくことを考慮しても、このような応募数の少なさは勤労青年の読書活動がいかに困難であったかを物語っているといえる。全国学校図書館協議会のコンクール概況報告によれば、「学校全体をあげてコンクールに参加」するかたちが理想とされ[7]、第一七回（一九七一年）ではコンクールに応募した学校数が二万五七五九校、日本の学校の六割に達し、高等学校に限れば、同年の応募校数は一六〇八校、全国の高等学校

表 3-1　応募者数

回	年	高等学校	勤労青少年
1	1955	6,265	−
2	1956	14,555	178
3	1957	20,218	381
4	1958	26,872	416
5	1959	21,129	496
6	1960	23,045	423
7	1961	36,491	405
8	1962	44,851	289
9	1963	48,709	262
10	1964	57,049	239
11	1965	65,487	272
12	1966	133,099	142
13	1967	144,249	183
14	1968	155,023	270
15	1969	164,253	351
16	1970	169,321	298
17	1971	180,710	400
18	1972	205,539	1,004
19	1973	209,604	708

表 3-2　入選作品数

回	年	高等学校			勤労青少年		
		男	女	計	男	女	計
1	1955	45	64	109	−	−	−
2	1956	42	75	117	7	16	23
3	1957	43	82	125	8	11	19
4	1958	34	90	124	9	13	22
5	1959	44	92	136	14	10	24
6	1960	39	90	129	4	21	25
7	1961	29	98	127	2	13	15
8	1962	30	89	119	5	6	11
9	1963	27	99	126	1	7	8
10	1964	23	105	128	3	5	8
11	1965	37	96	133	2	11	13
12	1966	32	102	134	4	13	17
13	1967	24	114	138	3	9	12
14	1968	28	111	139	6	11	17
15	1969	32	109	141	3	14	17
16	1970	29	110	139	2	11	13
17	1971	29	112	141	4	9	13
18	1972	23	105	128	2	15	17
19	1973	27	112	139	6	11	17

数の三割に達していた。(8)

　これらの学校ではほとんどが全校生徒に感想文を書かせていることが記載され、同コンクールは日本の学校の年中行事として定着し(第一七回)、応募数はさらに増加し続けることになる。これに対し、勤労青少年の部は応募点数の少ないこと、その質が度々課題となり、「第二回以降、勤労青少年の部を設けたが、応募者の数も少なく、質もよくない。学校とちがって、勤労青少年へのコンクールへの呼びかけは、たいへんむずかしい。工場とか会社とかの組織されたところへはまだしも、農家や個人商店とかの青少年となると、まったく呼びかけようがない。(第五回)」、「勤労青少年の部が依然としてふるわない。この部廃止の声もあるが、せっかく開いた芽だ。摘みとるようなことはしたくない。(第六回)」という指摘がなされている。[9]

表3-2の入選作品数には、勤労青少年と学生との差が如実に現れている。[10]

課題とされたコンクールへの呼びかけについては、「県青少年教育課と連絡して実施したため、よい成果があった(静岡)(第一四回)」、[11]「勤労青少年にPRを(神奈川、愛知、三重、岡山、熊本)。(第一五回)」[12]などの働きかけがあったものの、その後も応募数の増加はほとんどみられず、第五九回(二〇一三年)をもって「勤労青少年の部」は廃止されている。[13]学校教育での取り組みが浸透するにつれて児童生徒の認知度は向上し、また高度情報通信社会を迎え情報の取得が容易になったにもかかわらず、その後も勤労青年の応募数が増えなかったことを鑑みると、呼びかけ以外の要因による可能性も考えられる。

読書感想文コンクールにおける読書指導

コンクールにおける読書感想文の最大のねらいは、読書を通じて、思考思索する習慣と能力をつけることとされる。感想文を書くためには、読んだあと、じっくり考えなければならないのはもちろんのこと、読みながらも、たえず思考思索をめぐらしていかねばならず、これが人間形成に大きな役割をはたしているという。[14]同コンクール誕生の背景には、戦後の俗悪出版物のはんらん、テレビの急激な普及に伴う「読まない子」の激増、非行少年の八〇%が読書の習慣を持たない、思考思索する力に欠けている子どもたちだと聞かされ、心を痛めた全国各地の教師たちの存在があり、「文は人なりと言われるが、読書感想文の指導は、単なる文の指導ではなく、人間の指導であり、生活の指導であり、人格形成の一手段なのだと思う」と述べられているように、[15]ここでの読書指導は人格形成をめざした生活指導に根ざしている。これから社会に出ていく子どもたちの健全な精神の育成、社会経験の少ない子どもたちへの働きかけにおいては、「もし、君だったら、その場合どうするか」と本の内容を生活経験に結びつけ、子どもたち自身を主役の立場に誘導することで思索を促し、「その子どもが、自分の生活を通じ、読書を通じて会得したもの」を称賛することで子どもたちの読書意欲は高められていくであろう。(16) しかし、実際に社会へ出て、思い描いていた社会とのギャップに困惑し、社会問題の渦中にいる勤労青年が読書指導に求めるものと学生の求めるものとが異なってくることは当然考えられる。学校教育と社会教育では読書指導がどのようにとらえられていたのかをみていきたい。

学校教育の読書指導

昭和四〇年代の読書指導の動向については増田信一が、昭和三三年版の学習指導要領国語科編で読解指導が重視され、その反動から昭和四三年版では、「読解指導と読書の指導は車の両輪である」という基本方針が打ち出されたことから、国語科での読書指導に関する研究が活発となり、読解指導と読書指導の関係をめぐる論議が始まり、また一方で、それまで読書指導を推進してきた学校図書館の読書指導と国語科の読書指導の関係についての論議も盛んになり、両者の関係が問題となっていたことに言及している。(17)

昭和五〇年前後における「読書および読書指導の思想」について考察を行った倉沢栄吉は、「読解か読書かと問う、また、教科書か図書館かと言う、学校教育としての読みの指導と社会教育としての読書指導を相対比する。このような二元論は、えんとつを二本並べたようなもので相交わることがない」、「広い、とらわれない読書の考え方が、昭和五〇年前後を境として、ひどく手薄なものになってしまった」と述べ、大村はまの語った読書人、「もう一つの世界を見ることのできる人」を取り上げ、「読書指導は、読書家を育てるというよりも、むしろ読書人を目指していくべきものであろう」と論じた。[18] 倉沢は、子どもにとっての読書を自立のあかしととらえ、自立や自主の保証が自己形成者としての読書人を育成するために有効であると考えたのである。[19]

社会教育における読書指導

一九五九年、文部省社会教育局は、「人間形成のうえに、思索とともに読書が大きな比重を占めていることはいうまでもない。特に心身ともに成長の過程にある青少年期にはいっそうその必要性が痛感されるのである。」と述べ、社会教育機関の読書活動の推進、青少年向適書による巡回文庫の実施、読書グループの育成がこの意味で、はかれられてきたとして、人間形成と思索、読書の関わりについて言及している。[20]

平沢薫は民主的社会では、自主的にものごとを考える、考える主体者になることが大切であるとし、そのために私たちが日常おこなっている方法として、見る・聞く・話す・書く・読む・実践するの六つの活動領域に分け、これらの諸活動を個別的に、あるいは総合的におこなうことによって、事物の思考や認識がすすめられることになると述べた。読むことの活動では、「読書会」という集団的方法において、集団的思考と認識にもとづいて、読みあい、話しあい、書きあい、見聞しあい、実践しあうという全体的・力動的な過程が展開されることになるであろうと読書運動の構造について論じている。[21]

裏田と上岡は、読書の社会教育に関する側面を次の三つに大別した。（一）単純な「読み」を含めての学力の続伸。個人の学習にとって読書という方法がひとり歩きできるためには、すくなくとも高校卒程度の学力が要求され、学力と同時に「はたらき」として読書していける機能的読書能力、一定の読書の成熟度（maturity of reading）

が前提とされる。(二)教養的な読書。これには娯楽本位の読書が含まれ、古典的な文学作品、大衆小説、人生論、哲学書などの読書も重視される。(三)調べ読み。学習者の問題意識が前提となる。さきの学力と機能的読書が結びつかぬばあいがあるように、問題意識と調べ読みの能力がむすびつかぬばあいが多いという。これらの三つの局面を無視してその特性を生かさないとするならば、力みすぎ、問題意識過剰、グループ分裂、マンネリズム、学習能率の低下などの現象を生む可能性について言及した[22]。

読書感想文コンクール審査の総評

コンクールの評価を通して学生、勤労青年の読書の実態に注目する。学生の応募作品を読んだ審査員の間で特に強く感じられた点として、「現代の青少年が、われわれの予想以上に、すなおな物の見方、考え方をしている(第二回)」、「この生活体験に照応させて読みとる型の感想文がたいへん多くなった(第三回)」ことがあげられ、この種の感想文は、「それぞれの子どもたちが、自分の生活をふまえて書いているだけに、迫真力があり、読む者の胸に強くひびくものを持っている。(第三回)」と評価されている[23]。学校教育ではこのような生活読みの指導がだんだん徹底されていき(第六回[24])、応募編数が二百万を超えた第十六回では、「量と共に質の向上もすばらしい[25]」と読書指導が実を結んできたことにふれている。しかし、型にはまった感想文を助長していくことにもなり、パターン化の傾向(第一三回[26])が指摘されるようになる。

高校生の部では、コンクールの課題のひとつである男子の応募数が少ないことに関わって、「受験という制約(第九回)[27]」、「進学問題などのために、男子を委縮させてしまっている(第一〇回)[28]」といった記述が度々みられる。作品については、第一五回頃からレベルの低下が指摘されるようになり[29]、「作品が全体的にマンネリ化の傾向にあるというのが大方の意見であった。（第一六回）[30]、「高校生の作品は、応募数の少なかったコンクール初期のころの方がおもしろかったと思う。最近のは、型にはまりすぎていて、概念的で、無難だけれど迫力に乏しい（第一七回）[31]」など、ある種の壁に突き当たったことがうかがえる。第一九回、高等学校の部の選評において中央審査委員の周郷博は、三、四年前から読書感想文コンクールに「疑問」をもつようになったと語り、コンクールが数量的増加を誇り、上がったのは「事務的」にかかわる人たちの「成績」で、「日本の子どもたち、青少年、若者の『精神の成長』という『成果』とすぐさまつながるものではなくなってきている」、「この若者たち―高校生の精神（と同時に身体）の倦怠、『倦み疲れている』状況がもっとも手にとるように観取できるのは『一類』[32]の感想文である」、「本来は、試験でもテストでもない自発的なものであるはずなのに、『文学』や『詩』『芸術』も『受け身』のかたちで『ひとより上へでる』ための競争として処理されているのに過ぎない」と学生をとりまく問題への憂いが吐露されている。[33]

他方の勤労青少年の部では、厳しい指摘が見られる。「作品の質が、同年配の学校生徒に比べて見劣りするのも仕方のないことだ。指導者に恵まれていないからだ。勤労青少年の部を見ていえることは、（イ）もっと自分のことばで物を考え、物を書いてほしい。やたらにむずかしいことばを使うから、内容の貧困さが目につくのだ。（ロ）もっと社会への眼をひらき、広い視野から物を考えるというくせをつけさせたい。いったいに重箱のすみを楊子でつつくような近視眼的みかたをする人が多い。（ハ）本の選び方が適切でない。むずかしい本を背伸びして読むくらい愚かなことはない。（ニ）なるべく読書仲間と交際し、視野見識をひろげるようにしたい（第六回）」[34]、「むずかしい本を選んで読んでいるといった傾向が強く、取り組む意欲は敬服に値するとしても、どうも読みこなしているとは思えない。まとめかたにも問題があり、その表現にしても、今一歩という感が強い。程度の高いものにとびついて四苦八苦するより、程度にあったものを選び、生活に則してじっくり考えるといった姿勢で臨むほうがいいのではあるまいか（第一六回）」。[35] 勤労青少年の部では、適書の選択、表現力の問題が繰り返し取り上げられてきており、「ひとり気負い」[36] と称される文章が多いのが勤労青年の特徴といえる。第四回で初めて上位入賞者を出し、[37] 第一三回、[38] 第一五回[39] では作品の質が向上しているというコメントがみられたが、継続していない。第一六回では、勤労青少年に対して生活に則して考えることがすすめられている。[40] 社会の中で労働を通じて様々な経験を積み、厳しい環境の中で読書に向き合う勤労青年たちの読書は、生活から乖離したものであったのだろうか。

勤労青年の読書感想文の事例

勤労青年の読書感想文への厳しい評価がある中で、第一七回の勤労青少年の部で全国学校図書館協議会長賞を受賞した山口由美子さんの作品は、自分の内面生活をよく描いているとして、全委員から推薦された。勤労青年の心情がうかがえることから、一部を抜粋して紹介する。

（前略）勤労学生と呼ばれる私達。高校に入ったばかりの時の私には、清三と似たような気持ちが絶えず入り乱れていた。全日制の高校にいる友達と、会社の人と、そして私。大きな溝である。自分の青春期に疑問を抱いた。「それは考えすぎよ。」「うん、そうかもしれない。考えちゃうね。」でも私には、どの返事も物足りなかった。そんな時、私は清三に親しみを覚えた。

私はある程度、社会に対する期待を持っていた。清三ほどの大きな期待と希望は持っていなかったが。しかし、この二年近くの生活の中で、正を正といってくれない社会を、風潮をはっきりみせられたのは同じだった。

（中略）全てが機械化され、機械に動かされているような錯覚に陥るような此頃、清三の生涯を通して人間の悲しみを知り、私の感傷をかいまみた。私は、私なりに人の心に触れるような、人の心のわかるような、そんな生き方をしてみたいと思ったのだ。

（田山花袋『田舎教師』、旺文社[41]）

この感想文では、全日制高校に通う友達、会社の人という立場の違いから生まれる溝を考えざるをえない日常、自分の抱いていた期待とは違っていた社会、技術革新による機械化の中で人間性を見失いかねない労働に直面する若者の心のうちが表現されている。学校では全日制の学生と自身の違いを否が応でも意識せざるを得ず、職場では学生として、他の労働者とは異質な存在であり、単調な仕事は人間のありかたを考えないではいられない。こうした社会状況が生み出す問題は、学校を出て間もない青年が一人で向き合い、乗り越えていくにはあまりにも大きく、困難であったことは想像に難くない。

勤労青年の読書会

日本青年団協議会の第二回全国青年問題研究集会では、青年の学習活動として読書に関する活動が報告されている[42]。川合昇は「炭鉱の青年と読書」の中で、「炭鉱に働く人々は他界に見ることの出来ない恐怖ともいうべき穴の中の労働はつい優秀な文学書より身近かに蔓延、娯楽に時を費していることが多い。はたして将来に社会を双肩にになう青年の姿であろうか。」と青年の思想的混沌への憂慮を訴えている。読書についての発表の動機に、再度読みたい本を友達、近所の人々にたずねたところ、有名であるその本の名前すら知らないのが大半であったこと、読書によって職業上身近に、知識人に接することができ、読書することの尊さを知ることができたことがあげられ、「しかし我々には助言者が必要である。それは言うまでもなく知識人である。だがその助言が宙に浮いた言動をしたのでは決して期待にこたえるゆえのものではない。」と助言者の問題が提起されている。

岡安せつ子の「輪読サークル『みやま会』について」では、「私は学校を出てから多くの級友達と同じ様に勤めに出たかったが、仕事手間の無い家庭状況から農業を手伝わねばならなかった。」と自身の胸中が述べられ、いよいよこの農村で暮らさなければならないと思った時、「せめて短い娘時代のうちに良い本を読み乍ら読書グループを作って色々の人と話合って自分を高め又良き娯楽の場としたい」とサークルへ加入した動機が記されている。農村には若い人の楽しみがなく、話題を持たないために他人の噂や陰口ばかりとなり、そうした話題をよろこぶような人間になりたくないと、時には難しい本、やさしい本、『平凡』や『明星』なども取り上げ、広い範囲の人達の話合いのできる会へと努力した結果、「人から強制されたのでなく自分から勉強しようとする気になれば勉強そのものも楽しいものであると云う学校教育では味わえないもの」が見い出され、入会当時は本の読み方の下手な人が格別にうまくなっているだけではなく、「こうしてはいられない」といった作文などを会員がどんどん書くようになったことが報告されている。刺激のない農村でも知識を求め娯楽を求めている人が数多く埋もれていることから、サークルの必要性が示された。

愛知県岡崎市福岡町の青年団活動では、読書会が十年以上にわたって続けられ、その必要性が会員によって次のように記されている(43)。

それは簡単です。必要だからです。

私たちは、過去九年間、またはもうすこし多く、勉強したものもおります。学校でいろいろなことを学びました。だが、社会に出た私たちは、子どもであることがわかりました。社会で生きるには、私たちはあまりにも小さく、弱いものであることを知りました。そうして、いいかげんな言動や、うすっぺらな考えでは、社会は、渡っていけないことを知りました。

もっとも影響をうけやすい頃の私たちは、今が一番大切な時なのです。人生の考え方が、今この時にできつつあります。私たちの人生の道が、今切り開かれようとしているのです。

私たちは若者なのです。正しい知識を得、正しい考え方を知り、そして正しい判断を下さねばならないのです。いろいろな人から、いろいろな書から、学ばなければならないのです。

青年期の読書指導の課題

読書感想文で指摘された学生の「すなおな物の見方・考え方」、勤労青年の「ひとり気負い」という特性には二つの異なる読書の様態が形容されている。山内才治は素直な読みを、「主観と客観との交互関係である。言葉をかへて云へば、主客融合の読みであり、文にひそむ力の働きと読者の主観との握手である[44]」と論じており、これによれば学生の読書は、主観である読む者（学生）が作者の意図を読み取り、自身の生活に照応させることによる、客観である読まれる対象（作品）との対話ともいえる。対する勤労青年の読書は、職場や社会、人生の問題を解決するための集団的な読みあい、話し合いによる自己教育である。

青年期の読書指導では、学校教育、社会教育のいずれにおいても人間形成のための思索が必要とされ、読書がその手段として用いられているが、それぞれの異なる読書指導が確立されていることで青少年の読書活動が学生と勤労青年の間で分断され、連続性のないものになっているように感じられる。全国学校図書館協議会の松尾弥太郎は、勤労青年の方面の開拓を課題にあげ、「総評の青少年部や家の光協会などに、協力方の依頼にいったが、たいした効果はなかった」[45]、県立図書館や公民館が読書サークルの育成にあたっており、「最寄りの図書館や公民館へ連絡されると、便宜をはかってもらえよう」[46]と記しており、学校教育、社会教育の役割分担が明確にされていたことが推し量られる。

「広い、とらわれない読書」をめざして

読書感想文コンクールの評価を通じて、受験、進学問題が読書を妨げる要因として考えられ、中央審査委員の周郷博によって、コンクールが数量的増加を誇り、子どもたちや青少年の『精神の成長』とすぐさまつながるものではなくなってきているという指摘がなされたことは、学生の読書において、学業の修得を助け、心の成長を育むといった読書の意義が活かされない状況になっていたことが考えられる。

一方、勤労青年の読書では、自らがその必要性を感じ、教養や知識、日々の生活の中での楽しみを読書に求め、社会で生きていくためのすべを読書に学び、仲間をつくり、そこから新たな学びを生み出す力動的な展開がみられることで、読書を生活の中に根づかせ、各々の必要に応じた学びへと昇華させていたといえる。

本論では勤労青年を取り上げてきたことから、定時制高校の学生の読書にも少しふれておきたい。定時制の学生は授業に出席するのが精いっぱいで、読書の時間をつくることが難しいと一般に考えられるが、教員の実践記録に、授業への希望、感想には、必ず読書への関心が強くよせられていることに驚かされるという記述がみられる[47]。定時制高校では、学校図書館が全日制高校と共同であることが多い。全日制と比べて定時制は「読む力」が

弱く、読書力に応じた図書[48]や、娯楽としての図書が必要となる。このように高等学校は、全日制、定時制の両方の学生に対応した読書支援が求められる場でもある。

学校内に全日制、定時制の二つの読書があり、学校教育から卒業後に取り組む読書が所属する場所によって異なるものであるならば、子どもや青少年は困惑することになるだろう。読書は学校へ入学する前から始まり、学校を卒業した後も自身で行うことができる学習活動である。全ての世代で共感し、共有できる「広い、とらわれない読書」を土台にして、それぞれの成長や目的に応じた読書が実践される必要があるといえるのではないだろうか。

注

（1）裏田武夫「青年の読書の特質―読書指導の理論的基礎づけのために―」宮原誠一編『青年の学習』国土社、一九六〇年。

（2）上岡安彦・竹内真一「青年の読書会」同前書。

（3）小川利夫は、学生と働く青年の思想状況そのものが、ある種の共通した壁につきあたらざるをえなくなることを意味する、両者の「否定的接近」という言葉を用いて、学生と勤労青年の二つの青年期の課題を提起した。小川利夫『青年期教育の思想と構造』勁草書房、一九七八年。

（4）全国学校図書館協議会『学校図書館五〇年史』編集委員会編『学校図書館五〇年史』社団法人全国学校図書館協議会、二〇〇四年。

（5）森田盛行「青少年読書感想文全国コンクール六〇年」全国学校図書館協議会『学校図書館』第七六三号、二〇一四年。

（6）第一回～第一六回：全国学校図書館協議会編『考える読書　第一六回読書感想文　中学・高校の部』毎日新聞社、一九七一年。第一七回：全国学校図書館協議会『学校図書館速報版（旬刊）』昭和四七年二月五日号、一九七二年。第一八回：全国学校図書館協議会『学校図書館速報版（旬刊）』昭和四八年二月五日号、一九七三年。第一九回：全国学校図書館協議会『学校図書館』第二八〇号、一九七四年より筆者作成。

(7) 全国学校図書館協議会編集部「コンクールの概要」松尾弥太郎編『読書感想文指導の実際』共文社、一九六八年。

(8) 全国学校図書館協議会『学校図書館』第二五六号、一九七二年。全国の高等学校数は「学校基本調査　学校数(昭和二十三年〜)」による。https://www.e-stat.go.jp/stat-search/files?tclass=000001015843&cycle=0　二〇二三年八月五日閲覧。

(9) 全国学校図書館協議会編『考える読書　第一七回読書感想文　中学・高校の部』毎日新聞社、一九七二年。

(10) 第一回〜第五回：全国学校図書館協議会編『第五回　読書感想文　中学・高校の部』毎日新聞社、一九六〇年。第六回：全国学校図書館協議会『学校図書館速報版(旬刊)』昭和三六年一月二五日号、一九六一年。全国学校図書館協議会編『第七回　読書感想文　中学・高校の部』毎日新聞社、一九六二年。全国学校図書館協議会編『第八回　読書感想文　中学・高校の部』毎日新聞社、一九六三年。全国学校図書館協議会編『第九回　読書感想文　中学・高校の部』毎日新聞社、一九六四年。全国学校図書館協議会編『第一〇回　読書感想文　中学・高校の部』毎日新聞社、一九六五年。全国学校図書館協議会編『考える読書　第一一回読書感想文　中学・高校の部』毎日新聞社、一九六六年。全国学校図書館協議会編『考える読書　第一二回読書感想文　中学・高校の部』毎日新聞社、一九六七年。全国学校図書館協議会編『考える読書　第一三回読書感想文　中学・高校の部』毎日新聞社、一九六八年。全国学校図書館協議会編『考える読書　第一四回読書感想文　中学・高校の部』毎日新聞社、一九六九年。全国学校図書館協議会編『考える読書　第一五回読書感想文　中学・高校の部』毎日新聞社、一九七〇年。全国学校図書館協議会編『考える読書　第一六回読書感想文　中学・高校の部』毎日新聞社、一九七一年。第一七回：全国学校図書館協議会『学校図書館速報版(旬刊)』昭和四七年二月五日号、一九七二年。第一八回：全国学校図書館協議会『学校図書館速報版(旬刊)』昭和四八年二月五日号、一九七三年。第一九回：全国学校図書館協議会『学校図書館速報版(旬刊)』昭和四九年二月五日号、一九七四年。これらより筆者作成。

(11) 第二回全国コンクールの実施要領として、「ポスターとちらしを、それぞれ五万枚作って、全国の学校、書店、公共図書館、教育委員会、毎日新聞社支局・販売所、主なる職場等に配布、その承知をはかること」が話しあわれた。全国学校図書館協議会編『一九五六年版　読書感想文　中学・高校の部』毎日新聞社、一九五六年。

(12) 全国学校図書館協議会編『考える読書　第一四回読書感想文　中学・高校の部』毎日新聞社、一九六九年。

(13) 全国学校図書館協議会編『考える読書　第一五回読書感想文　中学・高校の部』毎日新聞社、一九七〇年。

(14) 全国学校図書館協議会編『第七回　読書感想文　中学・高校の部』毎日新聞社、一九六二年。

(15) 前掲（7）。
(16) 前掲（14）。
(17) 増田信一『読書感想の指導』学芸図書、一九八二年。
(18) 倉沢栄吉「読書および読書指導の思想—昭和五〇年前後—」日本読書学会『読書科学』第二六巻第二号、一九八二年。ここでいう「読書人」は、一九八〇年にNHKのラジオで放送された、大村はまの国語教育を語ることばを引用している。
(19) 倉沢栄吉「子どもにとって『読書』とは何か」金子書房『児童心理』第三〇巻第八号、一九七六年。
(20) 石塚正成「青少年の読書指導—『青少年向図書選定』について—」ぎょうせい『文部時報』第九八一号、一九五九年。
(21) 平沢薫「読書研究と読書運動」日本社会教育学会編『日本の読書運動　日本の社会教育第七集』国土社、一九六二年。
(22) 裏田武夫・上岡安彦「日本における読書運動の回顧と展望」同前書。
(23) 前掲（9）。
(24) 前掲（7）。
(25) 前掲（9）。
(26) 全国学校図書館協議会編『考える読書　第一三回読書感想文　中学・高校の部』毎日新聞社、一九六八年。
(27) 全国学校図書館協議会編『第九回　読書感想文　中学・高校の部』毎日新聞社、一九六四年。
(28) 全国学校図書館協議会編『第一〇回　読書感想文　中学・高校の部』毎日新聞社、一九六五年。
(29) 前掲（13）。
(30) 全国学校図書館協議会編『考える読書　第一六回読書感想文　中学・高校の部』毎日新聞社、一九七一年。
(31) 前掲（9）。
(32) 対象図書は、第六回以降、第一類（小説・童話関係）、第二類（小説・童話関係以外全部）に分けられた。全国学校図書館協議会編『第六回　読書感想文　中学・高校の部』毎日新聞社、一九六一年。
(33) 全国学校図書館協議会『学校図書館速報版（旬刊）』昭和四九年二月五日号、一九七四年。
(34) 前掲（9）。
(35) 前掲（30）。

(36)　前掲(9)。
(37)　全国学校図書館協議会編『一九五八年版　読書感想文　中学・高校の部』毎日新聞社、一九五九年。
(38)　前掲(26)。
(39)　前掲(13)。
(40)　前掲(30)。
(41)　全国学校図書館協議会『学校図書館速報版(旬刊)』昭和四七年二月五日号、一九七二年。
(42)　日本青年団協議会編「青年の学習活動」第二回全国青年問題研究集会　第二部会　第一分科会、第二分科会、日本青年団協議会、一九五六年。
(43)　福岡青年学級主事　原田市郎編『読書会一〇年―地域青年団の記録―』福岡青年読書教室、一九六九年。
(44)　山内才治『素直な読方教育』賢文館、一九三四年。
(45)　前掲(7)。
(46)　前掲(14)。
(47)　小林梅次「定時制でもできる持寄文庫」全国学校図書館協議会『学校図書館』第七七号、一九五七年。
(48)　松本十丸「定時制生徒と学校図書館―どうして図書館と本に親しませるか―」同前書。

(山本　紀代)

3　東海地方における勤労青年学級と「青年の要求」の探求

勤労青年学級をめぐる論点

戦後六三三制の学校制度がスタートしたことで、多くの青年に学習の機会を提供していた青年学校が廃止された。しかし、高校に進学できる青年が当初はわずかだったことから、農村を中心に青年の学習集団が組織されていった。そのような中で、一九四八年に山形県で「青年学級開設要項」をつくり、二七〇万円の助成金が用意された。これによって、県内の一三五市町村に一九五学級が開設され、二万三七九三人が学ぶことになり、それは他県にも広がっていった。また、一九五一年に日本青年団協議会が発足すると、青年学級の振興を国に要望した。このようなことから、一九五一年に文部省社会教育局に青年学級研究会が置かれ、青年学級の法制化を検討して、五三年に青年学級振興法が成立した。(1)

青年学級振興法の第二条（定義）では、「実際生活に必要な職業又は家事に関する知識及び技能を習得させ、並びにその一般的教養を向上させること」が目的とされ、青年は学習させられる対象になった。また、第九条（青年学級主事）では、「青年学級主事は、上司の命を受けて、青年学級に関する事務をつかさどり、学級生の指導に当る」とされ、上司の命令で青年を指導する青年学級主事では、青年の自由な学習が阻害されると考えられた。そのようなことから、一九五一年の大会で法制化に賛成した日本青年団協議会は、五二年の大会では法制化に反対した。(2)

法制化をめぐって露わになった青年学級をめぐる対立した状況は、自治体が青年学級を開設する時にも見られた。東京都三鷹市では、商工会から「中小零細企業の人集め」「不良化防止」に役立つことが期待される一方で、実践を通して働く青年が「主体的に自分を変革していく」ことが大切であることがわかってくる。そして職員がその間で葛藤をかかえることになった(3)。

青年学級は、高度経済成長期には、市町村合併による自治体の減少や農村から都市への青年の移動、高校が増加していったことが原因で、学級と学級生は減少するが、国庫補助額は増加した。また、若年労働力として都市に集まった青年が、いかに社会的に自立するかという点で、青年学級は社会教育が取り組むべき大きな領域となり、研究的な指摘も多くなされた。

その中では一つに、青年学級を学校教育とかかわらせて考えることが提起された。一九四七年に文部省が「新制高等学校実施の手引」で、全日制の高校に進学できない生徒には定時制高校に進学できるようにすると述べているにもかかわらず、それが実行されていない。一方、既存の高校は大学への進学にのみ価値をおいて、地域の生産や生活と結びついていない。このことから、高校と青年学級を総合的にとらえて、青年期教育のあり方を考える必要が提起された(4)。

二つに、都市で低賃労働者として生きている現実をふまえてどう展望を切り拓くかということが提起された。郷里から引き離され孤独な状態に陥りがちな中卒集団就職者が、その後の人生を切り拓いていく過程に即して、支援のあり方を明らかにすることがめざされた(5)。また、複雑な気持ちを抱えている都市勤労青年だからこそ、産業構造の中で求められることを視野に入れながらも、「おとな」になるために必要な学習内容が編成されなければならないと考えられた。青年期にふさわしい文化生活、社会生活、職業生活を検討し、それらの相互関連を意識するとともに、学級生の主体的な参加によって、学習内容が編成されなければならないと指摘された(6)。

三つに、主体的な学びともかかわって、これまでの厳しい生活の中で劣等感を抱いている青年が自己の解放に向かう学習論が提起された。そこでは、劣等感にさいなまれている青年が、集団の中での励ましやかかわりから、自分の生活史とそれに付随する家族の生活史を語りはじめ、そこから社会の構造的な問題に気づき、社会の歴史を学び、社会観を確立して生き方を見定めていくことがめざされた。(7)

愛知県における青年学級の振興

文部省社会教育局監修・全国青年学級振興協議会編集『青年学級のあゆみと展望』(一九六四年)には、愛知県社会教育主事によって県の青年学級の動向が、山形県、新潟県、宮崎県と並んで報告されている。(8)

その冒頭では、中部経済圏の中心であることから第二次・第三次産業が発展して、農村からの青年の流出と都市での青年の急増という状況が紹介されている。高度経済成長の典型的な地域からの報告として、愛知県が選ばれたものと思われる。

愛知県では、青年学級が六三三制の学校教育の隙間を埋めるように、一九五〇年頃から青年団体や公民館活動の一環で取り組まれるようになり、五三年の青年学級振興法の制定によって広がった。一九五五年には、県下一二七市町村のうち一一八市町で開設され、九〇%を超える高い開設率になった。しかしその後、高校進学率が一九五六年には四八・一一%だったものが、一九六四年には七二・二八%となったことなどもあり、学級も学級生も減少していく。

このような中で、一九五七年～五九年には、国からの補助に県費補助も加えて「産業教育青年学級」が開設された。その目的は、「地域産業の将来の方向性を見きわめ、勤労青年の基本となる生産生活の科学化、合理化の促進に必要な知識を習得させるために、特に勤労青年の実際生活と地域の特性に即応し、産業教育に関する教育を重点として運営する一定数の青年学級（市町村開設もしくは共催による勤労学級、職場職域学級も含む）を選定して産業（職業）教育の振興をはかる」とされている。

また、一九六一年〜六二年には、「職場職域青年教室」が開設され、企業への働きかけが行われた。その結果、単独企業によるものが九教室、企業組合によるものが二教室、教育委員会によるものが八教室、公民館によるものが二教室開設された。その中で、名古屋市の中川鉄工組合で取り組まれた青年学級は、中小企業が共同で開設した特徴的な実践とされている。

そして、一九六二年〜六三年には、「勤労青年技術文化講座」が、県の委嘱事業として市町村教育委員会で開設され、料理、音楽、ペン習字、コーラス、孔版、写真、窯業、理容など、青年の趣味や技術向上をめざすことに取り組まれた。それとともに、六三年には半田市繊維勤労青年学校が国の指定を受けて発足し、六四年には西尾市女子高等学園が国の指定を受けて、繊維産業で働く女性のための青年学級を開設した。

職業技術の向上をはかる四日市市の勤労青年学校

東海地方は第二次・第三次産業に従事する青年が増加していることから、仕事を少しでも早く覚えることを中心に考えた青年学級が開設されている。その典型が三重県四日市市の勤労青年学校である(9)。

その趣旨は「中学校卒業後、高等学校に進学しないで本市の産業に従事した年少の勤労青年を主たる対象にして、企業の要請と本人の希望に応じた組織的、継続的な主として職業的な基礎技術と一般教育を内容とする後期中等教育を実施し、もつて本市における産業の発展と社会の進展に応ずる勤労青年教育の体制を確立しようとするにある」とされている。クラスは「工業第一」「工業第二」「商業第一」「商業第二」「窯業」「家庭生活」の六つであり、それぞれ三〇人の定員である。学習内容と年間の学習時間は、たとえば「工業第一」「工業第二」の場合、次のようになっていて、「商業第一」「商業第二」「窯業」も同様に職業能力にかかわることが中心になっている。

一般教養（工業概説、専門科目に関する数学、物理、工業力学、体育レクリエーション、見学）七七時間
製図（形体の図示法、機械製図、写図）一二〇時間
金属材料（鉄鋼、非鉄金属材料）三〇時間
機械工作（機械要素、工作機械、検査）三〇時間
実習（器工具使用法、計測およびけがき作業、角度測定、芯出しけがき、旋盤基本作業法、安全作業法）四三時間
計三〇〇時間

受講生の募集は、労働基準監督署から新規中卒者の入職状況の情報を得た上で、機械器具製造業と卸小売の中小企業と寮に働きかけ、交代制の勤務を利用して昼間の授業を行っている。その結果、わずかな従業員しかいない中小商店からは受講生を集めることができなかったが、学級生を送った企業からは喜ばれていると評価されている。また、出席状況は七四・八％であったが、これをもって学習態度や学習効果が満足のいくものではなかったと反省されている。

このようなことから考えると、四日市市の勤労青年学校は、事業所と連携しその要望を反映したものであり、青年は休まずにここに参加すべきであるという考えが貫かれている。その意味では、勤労青年の複雑な思いを受

け止め、主体性を育むという視点は弱かったと考えらる。

女性としての知恵と技術を身につける半田市の繊維勤労青年学校

愛知県半田市では地元の青年を念頭において、一般青年学級に加えて一九六一年から商店勤労青年学級を開設したが、青年の意識が地域から遠のいていることもあって、不振な状態だった。一方で、二〇〇を超える繊維工場で働く県外出身の勤労青年が多くいることから、六二年に繊維勤労青年学校と学級を開設することになった。[10]

勤労青年学校は一八歳未満の年少青年を対象にし、勤労青年学級は一八歳以上二五歳以下の青年を対象とし、その趣旨は「彼女たちが生産にたずさわる人間としての『ほこり』を持ち、教養から生まれる女性としての『ちえ』を身につけ、暮らしをつくるひとりひとりの『わざ』を磨くこと」であり、教育の目標は「中学校教育の充実、深化をはかり現代の生活に必要な知識と技術を身につけ、将来良識とえい智に富む家庭の主婦となるための後期中等教育をする」とされている。そのための学習内容と年間の学習時間は、勤労青年学校の場合は次のようになっている。

必修教科　一二三時間
　国語三〇時間、社会二七時間、音楽九時間、保健体育二七時間、職業三〇時間
選択教科＝二科目二四〇時間
　洋裁　一二〇時間、和裁　一二〇時間、茶道　一二〇時間、料理　一二〇時間、手芸　一二〇時間
計　三六三時間

そこでは「彼女たちが求めるものを与える」ばかりでなく「現代に生活する女性として、また、年少勤労青年として『とくにこれだけは身につけてもらいたいもの』を与えることの必要性を考えてきた」という。そして講師打合せ会やカリキュラム委員会で関係者の意思疎通をはかるとともに、講師には「良き母親がわりとして、また姉がわりとして指導出来る人」を選んだという。また、学級生が働きながら学んでいるために、疲れていることを念頭において、そのために、視聴覚教材を使うことなど指導法の工夫が必要であると指摘されている。

このようなことから考えると、半田市の繊維勤労青年学校は、地方出身の中卒青年に高校の代替的な教育を提供して、工場を辞めた後に良妻賢母になることがめざされている。また、郷里を離れて寂しい思いをしている青年に接することから、講師には親代わりとして接することも求められたが、そこには、自分たちが置かれている産業社会を見つめる主体性を育む視点はなかったと思われる。

企業協同組合として取り組まれた中川鉄工会青年学級

中川鉄工協同組合は、名古屋市中川区にある中小の鉄工場九六社で、一九五八年に結成された企業による協同組合である。第二次産業の急速な進展の中で、労働力の確保や従業員の福利厚生、相互の協力体制をつくることが目的であり、六〇年には会館を整備して、そこから毎日三食、一日一万食の共同給食が供給されるといった活発な活動を展開していた。そこに文部省から名古屋市に企業内青年学級の開設が委嘱され、中川鉄工協同組合に打診があって、中川鉄工会青年学級が開設されることになった(11)。

その目的は「勤労青少年をして鉄工業に対する基礎的知識技能を習得せしめ、工業人としての資質の向上を図る」ことであり、年間の学習内容と学習時間は次のようになっている。

職業科目　一四七時間

職業教科（工業の仕組み、機械基礎学、機械工作、工作測定器具、製図、工場管理、中川鉄工組合の将来など）一〇七時間

現場実習（工場参観、各工場で実施）四〇時間

一般教養科目　一〇六時間

一般教科（国語、青年都市名古屋の今昔、マスコミの中の青年、都市生活と青年、個人生活の中の諸問題、職場生活の中での諸問題）七三時間

体育レク（体育、音楽、見学）二九時間

式その他（始業式、青年学級についてなど）四時間

計二五三時間

学習内容で注目されるのは、一般教養科目の時間が比較的多く、その中に、都市で生きる青年の課題がストレートに入っていることである。学習内容の検討は、中川鉄工協同組合の他に、県教育委員会、中川区教育委員会、名古屋市工業研究所、名古屋大学、日本福祉大学から委員を集めて行われ、さらに受講生の代表も参加する運営委員会で検討したと書かれていることから、青年の意見も反映させながら幅広い視野をもって、都市勤労青年の生き方を考えることも展望した実践だったと考えられる。

また、「最も憂慮にたえないのは、自分の職業の将来について学級生の四〇%が自ら『あまり見込みはない』

と言い、きっとよくなると確信をもっているものはわずかに七％にすぎない点である」と指摘し、勤労青年が希望をもてるように、国家としての「一大革新的施策」が打ち出されるように働きかけていくことが必要であると述べている。産業社会が大きく変わる中で、中小企業として存続していくために結成された協同組合だからこその考え方がここにあらわれている。

主体的な「自分の生き方」を見出す名古屋ＹＷＣＡの生活クラブ

ＹＷＣＡはキリスト教の思想を背景にもちながら女子青年の活動をすすめる団体であり、「生活クラブ」は義務教育を終えた後の人間形成の場を提供するために開設されたものである。[12]

そこでめざされていることは、「一人一人の『人』が大切であるという基本的な考えを育てる、そこから主体的な『自分の生き方』を各自が見出してゆくことを助ける教育」であり、そのために、「劣等感やあきらめから出ている無気力な生活…を脱ぎ捨て」「『出来ない自分』ではなく『自分にも出来る』可能性を見出す助けとしたい」とされている。そして「『他の人々みんなと』という連帯感が育ってゆく」ことと「どんな弱い立場にある小さな一人もみんなが、かけ代えのない大切な『人間』であること」を学ぶということもめざされている。

生活クラブの学習時間は週二日一八時三〇分から二〇時までで、三年間続くものであり、一年目の学習内容は次のようになっている。

テーマ＝心を豊かに
ことばのたのしみ＝文学に関するもので人間の内側のことを問題にしたもの

ことばの勉強、手紙を書くこと、話すこと、詩の勉強、劇の中から、古典をたづねて
社会の勉強＝私達の生きている社会の問題を取り上げたもの
知っておきたい私たちの法律＝結婚、離婚、財産のこと、憲法などの勉強
労働問題＝職場の問題を通して賃金、労働法などの勉強
社会の動き＝事象として起る問題を正しく理解し、自分との関係を学ぶ、又新聞を読むことに関心をもつようにする

このような学習は決まったかたちをもたないので、リーダーの役割が重要になる。それについて、「人数が少ないのでリーダーも同じ輪になって、一人一人の顔を見ながら話す形式がとれた。それは正に一方的な伝達ではなく、語りかけであつた」とされ、そのためにリーダーも「共に生きる人間関係」の中にいることが必要であると考えられた。また、この実践を通して、「人間教育」を行う場が社会につくられることが必要であるが、それは「何かの政策や、手段に都合のよい、人間をものにおきかえる『人作り』ではない」と指摘されている。

都市に集まった勤労青年を社会対策的にとらえ、地域の企業や事業所の意向を反映した勤労青年学級が広がっていく中で、このように主体的な生き方をめざす青年の学習が取り組まれ、そこで共に生きようとするリーダーのあり方が追求されたことは、社会教育実践の価値と方法という点で重要である。

「青年の要求」の把握をめぐって

ここまで紹介してきた四日市市の勤労青年学校、半田市の繊維勤労青年学校、中川鉄工会青年学級、名古屋Y

WCAの生活クラブは、いずれも一九六二～六三年に東海社会教育研究会で報告され、その後、会誌に執筆されたものである。そのようなことから、この四つの実践をめぐって、東海社会教育研究会で議論が交わされている。

そこで課題として浮かび上がってきたことは「青年の要求」とは何かということであった。青年の中には、早く仕事を覚えたいという気持ちもあれば、趣味やレクリエーションを楽しみたいという気持ちもあれば、満たされない鬱々とした気持ちもある。そのような中で、社会教育の職員として、要求の多様性に応じながらも、要求を掘り起こし、統一していくことが求められているが、「全体として抽象的、原則的な検討に終始した感があり、より具体的、実践的検討は今後の課題として残された」と報告されている。[13]

このことを解明するために、勤労青年がおかれている客観的な状況から、青年の意識構造にせまる努力がなされた。「労働者意識」と「地元意識」に注目した調査が行われ、前者では、経営帰属意識や賃金意識が職業や年齢、地区でどのようになっているかが分析され、後者では、隣組や祭り、赤い羽根募金などへの意識が年齢や学歴、地区でどのようになっているかが分析された。[14]

一方、日本社会の歴史的な流れから青年のおかれている立場を明らかにする努力がなされた。一九五〇年に朝鮮戦争がおき、五一年に講和条約が締結される中で開催された愛知県社会教育振興大会で、「国家の自立を契機として思想、政治、道義、秩序らの上において相当な変改と動揺が予想される」ため、「社会教育委員は単なる諮問機関でなく、実行機関としての指導性をもつこと」が提案されており、このような国家教育権の発想が青年教育に影を落としていることを考えなければならないとされている。[15]

名古屋市青年の家における学級講座と「青年の要求」

名古屋市青年の家は、勤労青少年三五万人、毎年二万人余りが県外から流入している状況の中で、一九七〇年に非宿泊型の施設として設置された。

このような中で、勤労青年の多くは疎外感を抱き、他の人との連帯感が弱く、不安定であるという理解とともに、社会教育は自主的に取り組まれるものであると考えられ、「人間性豊かな青年」をめざした自己教育と相互教育が展開された。そこでは、学級講座も開設され、青年が主人公になれるように、オリエンテーションに自主活動を取り入れたり、講師・職員・青年の連携を密にして話し合いの回数を多くしたり、全員が集まる機会として成果発表会や青年のつどいを開いたりして、意図的に「仲間づくり」がすすむようにされた⑯。

このような青年の家を拠点とした青年の自主性を尊重した活動の中から、名古屋サークル連絡協議会が結成される。そこでは学級講座で学びその重要性を感じた青年がリーダーや助言者になっていった。そしてそのような立場から、次のような踏み込んだ「青年の要求」の把握と実践的展開の提案がなされている⑰。

そこでは第一に、「『講座』の『集団化』をどう形成・発展させるかということ」が課題であり、そのためには、共通の生活感情や生活現実を個人としても集団としても認識して、自主的な活動等の中で芽生える集団意識を深め、学習すべき中心課題は何なのかという理解の共有が必要であるとされている。そして第二に、「生活と科学（理論）のきりむすび」のために、自らの生活現実を直視してそこから生まれている生活感情を認識することが必要であるとされている。さらに第三に、「青年の生活をどうほりおこすか、どうとらえさせるか」ということにかかわって、一面的だったり、断片的だったり、興味本位だったりするものを、「喜び、苦しみ、悲しみ、怒り、憎しみなどの『生活の直視』に転回して、そこから「真実の生活」と「生きざま」を浮かび上がらせることが必要であるとされている。そして第四に、「『学習と生活』がきりむすばれる『実践化』」に言及して、「実践化」こそが学習が生活ときりむすばれるか、生活から遊離するかの分かれ目になると指摘されている。

ここで重要なことは、学級講座にかかわる職員の考えや研究者の言葉ではなく、勤労青年として学んだ経験から、当事者の言葉として学習の課題と方法が語られていることである。そのような中から発せられたものであるだけに、青年が主体性を確立するために超えなければならないポイントが自信をもって指摘されているように思われる。

そして、青年の主体性は話し合いや学習だけで育つものではなく、実践に取り組むこととの応答関係が必要であると指摘されていることが重要である。仕事を早く覚えたいと思っていたり、趣味やレクリエーションを楽しみたいと思っていたりする青年が、生活課題を見つめて、自分の生き方をはっきりと掴むには相当の距離がある。そこで半信半疑ではあっても、とりあえず実践に取り組んでみて、おかしいと思えば考え直すこともできるし、確信をもつことができればその方向で学習を深める。すべてを学んでから取り組みをはじめるのではなく、学ぶことと取り組むことを往還しながら主体形成をめざそうということが、このように提起されていたことに改めて注目する必要がある。

注

(1) 文部省社会教育局監修・全国青年学級振興協議会編集『青年学級のあゆみと展望』一九六四年。
(2) 藤田秀雄「社会教育行政の再編成」藤田秀雄・大串隆吉編著『日本社会教育史』エイデル研究所、一九八四年。
(3) 辻浩『〈共生と自治〉の社会教育—教育福祉と地域づくりのポリフォニー—』旬報社、二〇二二年。
(4) 宮原誠一『青年期教育の創造』国土社、一九六二年。
(5) 小川利夫・高沢武司編著『集団就職—その追跡研究—』明治図書出版、一九六七年。

（6）千野陽一『勤労青年教育論―民主的青年教育の創造―』法政大学出版局、一九七一年。
（7）那須野隆一「都市青年とサークル活動」日本青年団協議会編『地域青年運動の展望』一九六八年。
（8）平松博憲「各地の動き・愛知県」前掲（1）。
（9）久村義雄「四日市市の勤労青年学校について」東海社会教育研究会『東海社会教育研究会誌』第七号、一九六四年。
（10）半田市教育委員会「半田市勤労青少年教育について―昭和三八年度勤労青年学校勤労青年学級―」同前書。
（11）村松新郎「中川鉄工会青年学級のあしあと」同前書。
（12）三浦静子「名古屋ＹＷＣＡの生活クラブについて」同前書。
（13）真野典雄「青少年部会一年の歩み」同前書。
（14）真野典雄「青年の労働者意識および地元意識についての一考察―名古屋市南区実態調査より―」同前書。
（15）山田順一「戦後東海社会教育史―占領期社会教育民主化の性格に関する考察―」東海社会教育研究会『東海社会教育研究会誌』第一六号、一九七三年。
（16）松浦史揚「名古屋市青年の家新築の一ケ年―その現状と課題―」東海社会教育研究会『東海社会教育研究会誌』第一四号、一九七一年。
（17）野村勝「青年学級講座と青年の生活」東海社会教育研究会『東海社会教育研究会誌』第一八号、一九七五年。

（辻　浩）

４　地域誌『母と子ども』に見る母親と組織的活動

高度経済成長期の母親像

終戦と占領政策によって大きく変わった「家制度」は、女性に自由を認め、経済的自立への道も開いた。しかし、女性のあり方はその後も情勢に左右され、一九五〇年代には女性は結婚まで安い労働力として働き、結婚後は家庭に入るという流れが定式化し、性別役割分業のもとで女性は再び家庭に縛られるようになった。高度経済成長の時代となり雇用労働者が増加していくなかで、都市部では就職にともなう転入が増大し、核家族化がすすんだ。学生時代を終え企業へ勤めたとしても結婚と同時に退職することが普通であった当時、既婚女性たちは祖父母等の親族もおらず縁のない地域社会の中で、主婦となり母となることも多かった。サラリーマンとして長時間勤務に励む父親が不在の中、孤立して家事育児に向き合うこととなった。密室育児化の始まりである。

そして、彼女たちに国や世間が求めた母親像は、旧時代の思想を引きずりながら改められた現代版良妻賢母であった。この言葉について藤井は次のように説明している(1)。

まず家庭第一型のけなげな主婦で、家事や育児を一手に引き受け、夫には家庭のことは一切心配させず、マイホームの女神としていつも明るく暖かいムードある家庭づくりに努力する。そのかわり、夫の仕事や家庭の経済的責任にはノータッチ、物価が上ろうが不平はいわず、やりくり上手に家計を切り廻し、家庭の外

で起こることは一切男性にまかせて、ひたすら自分の家庭と家族のことだけに心をくだく女性

このような「マイホームの女神」は、社会構造の変容に沿って描かれた、家族や世間にとって都合の良い主婦像であった。当時、技術革新や国民の所得増大によって家電製品が一般家庭に普及し、家事労働に必要な時間が減少した。しかし、こうした主婦像が理想とされる中、妻、特に母親が学習や仕事のために家を空けることに社会は寛容でなかった。(2)

夫の帰りを待つばかりの日々を一変させるのは、子どもの誕生であった。特に、結婚後家庭に入り、時間を持て余すようになった専業主婦にとって、子育てに熱中することは生活の充実であり、生きがいを感じることができた。(3) 家事育児に専念し家庭第一である姿は賛美された母親像であったこともあり、母親たちは子育てへ傾倒していく。

当時はすでに、一九五〇年代から進行していた人口政策としての家族計画が普及し、子どもが二、三人の家族が形成されていたことから、多産時代に比べてひとりの子どもに対して手をかけられるようになっていた。こうした変化に加えて、高等教育機会の拡大による高学歴化の進行が要因として重なり、子どもの教育へ傾倒する「教育ママ」が現れてくる。教育産業やメディアが焚き付けたことで過熱する母親も増え、一九六三年の厚生省児童局『児童福祉白書』では「進学のみが人生の目的であるかのように考えてバランスの取れた人間形成を忘却する傾向があらわれ、(中略) このような親の過大期待や過保護が、逆に進学に失敗した少年を非行や自殺においやる傾向のあることも注目しなければならない」と述べられるほどであった (四九頁)。

一方、経済発展にともなう労働力補完のために女性活用が望まれ、働きに出る母親や共働き世帯が増えていく。ただし、子どものいる共働き世帯においても、家事や子育ては主に女性の仕事とされ、勤める母親はせわしない

日々を過ごした。稲葉による一九五六年三月の調査では、共働き家庭の夫の家事労働時間は平日二八分、休日二時間一六分、専業主婦家庭の夫では平日二二分、二時間四六分と、共働きにもかかわらず夫による家事労働への無関心さがうかがえる。[4]また、余暇時間を楽しむ社会的文化的時間は平日共働き家庭の妻・夫、専業主婦家庭の妻・夫で二時間一分、三時間一九分、三時間七分、三時間二八分と共働き家庭の妻は短くなっている。

しかし、男は仕事・女は家庭という性別役割分業意識が社会に浸透し、かつ保育施設も発展途上の当時、母親の就労は子育てや健全な家庭生活を妨げるものと考えられた。[5]前掲の白書では、児童の福祉を阻害し危機的な状況をもたらす要因として「婦人労働の進出傾向に伴う保育努力の欠如、母性愛の喪失」を挙げており（二頁）、国として母親が就労せず子育てに専念する家庭を健全としていた。母親は、「教育ママ」であっても、就労しても、子どもの非行やしつけの問題と結びつけられ、そのあり方が問題視されたのである。[6]

社会的事象の間で母親のあり方が揺れ動くことと並行して、一九五五年から『婦人公論』等の雑誌で巻き起こったのが主婦論争であった。ここでは主に家事労働の位置づけが問われ、女性のあり方に関わる議論が展開された。主婦論争は第一次、第二次論争と続いたのち一九六一年に一旦落ち着きを見せるが、上野の論によれば一九七〇年以後に第三次主婦論争が起こっており、その間、上述のような家庭とその生活構造の変動によって、「家庭の崩壊」が唱えられるようになった。間に挟まれた高度経済成長期は主婦、母親像が当事者と社会の間でゆらいでいる時期であったといえよう。[7]

母親による社会運動とその波紋

こうした時代を背景として、母親たちは社会教育的な実践とどのように関わっていたか。社会的に理想とされた母親像を体現する母親たちがいた一方、社会に主張し闘った母親たちもいた。そうした母親たちによる運動が一九五〇年代後半から注目を集めていく。

この時代の母親による社会運動として第一に挙げられるのは、「日本母親大会」であろう。講和を機とした反戦平和運動の流れの中で呼びかけられた日本母親大会は、一九五五年に第一回が開催された。名前の通り母親たちが集った会であるが、参加者は専業主婦、勤めをもつ者、戦争や病気などで夫を亡くした者などさまざまであり、都市部からも農村部からも参加があった。当時、同会では全国の母親へ団結を呼びかけながら、原水爆禁止に始まる反戦平和運動から手を広げ、保育所づくり運動、小児まひワクチン導入運動、高校増設運動等を通して子どもの福祉や教育を守ってきた(8)。

国内外の政治に関わる問題について真正面から議論し運動していった性格は社会に波紋を呼び、新聞報道等で政治的偏向を指摘され非難の的になることもあった。他方で、母親大会の記録からは、参加していた母親自身は必ずしも偏向した政治思想を持ち合わせていたわけではなく、大会があらゆる階層の母親たちにとって本音で話し合える場であり、母親たちはそこで子どもたちの未来を真剣に考え、幸せを願いながら、自らの生活に対する学びや励ましを得ていたことが読みとれる(9)。

日本母親大会は全国大会として東京で開催されてきたが、次第に都道府県、ついには市町村まで広まりを見せた。例えば、『月刊社会教育』第五巻第七号では、一九六〇年に初めて伊那市母親大会が開催されるまでの経緯が記されている。波紋を広げていた母親大会の開催とあって、政治色への抵抗感を理由に地元の婦人団体から距離をおかれるなどさまざまな問題が発生し、「結局さあやろうとたちあがった人びとは、働く婦人と名もなくまずしく、生活の苦しみにたえている母親の数名」だったというが、宮原誠一による助言や教育委員会、公民館の協力によって大会を成功させたという。協力者のなかでも大会のあり方には温度差があり、「母親大会というい以上、はっきりした線をだすべきだ」という人もいれば、「線は腹におさめ、どんなお母さんも参加できるようにすべきだ」という人もいた。長野県母親大会の常任委員であり伊那市母親大会を先導した酒井節子は、「母親の自主的な学習の場、共通の広場、日々の実践の血となり、肉となる、エネルギーのばくはつする運動こそは、全国のお母さまたちの団結によっておし進められていくことを、期待してやみません」と述べている。[10]

前述の通り母親大会は政治的理由による批判を受けており、それによって関わりを避ける婦人、母親もいた。一方、参加した母親たちの記録からは、それとは異なる理由――母親像の中で参加を阻まれることもあったと考えられる。例えば、「ある奥さんは、御主人に母親大会へゆくことをはなしましたところ、「出かけて行ったところで、毎日の食事のお菜がうまくなるわけでもなし、ゆくことはないだろう」といわれ（中略）ゆかれなくなってしまいました」とある。[11] 日本母親大会実行委員長を務めた山家和子は、家事育児全般を担う母親のあり方を踏まえながら、「庶民の母親が社会的な活動に参加しようとする場合、（中略）自分が家を飛び出して運動に参加するというかたちではなく、家ぐるみ台所ぐるみ運動に引きずり込んでしまわなければ動けない事情にある」と述べ、運動していくためには周囲の賛同を得る地道な骨折りが必要であり、これが母親運動の特徴であるとしている。[12] この記述によれば、母親像の体現を求められた母親たちが運動するには、社会へのかかわりよりも先に身の回りの人々を変える必要があり、説得できなければ参加そのものが困難であったといえよう。

『母と子ども』にみる岐阜県内の母親グループ

母親大会はたしかに全国的な注目を集めた動きであるが、例えば右で参照した伊那市の地域婦人会には当時四〇〇〇人の会員がおり、同年の長野県母親大会二日間に参加した人数は一日目が三五〇〇人、二日目が四五〇〇人であったという。〈市〉の婦人会会員数と〈県〉大会の参加者数を比較すると、いくら全国的に広まり注目された運動であっても、そこに参加していたのは母親のごく一部であったといえよう。

では、そこに参加していない母親たちは、どうであったか。一般論から想像されるように、家庭に閉じ込められ、世間の求める母親像に従うばかりであったのだろうか。藤井は一九八〇年に上梓した著作において、世論の中で家庭にとらわれた女性たちが人間らしく生きていくために、「すでに各地に家庭、地域を拠点として、みずからの価値観によって、現状を変えようと、手をつないで活動を始めているグループがいくつも生まれつつある。（中略）その新しい芽が、各地の婦人問題の学習会グループや地域活動グループを基盤に動きだしているのが注目される」と述べた[13]。

こうした組織的な活動は高度経済成長期から盛り上がりをみせており、岐阜県において発行された月刊の地域誌『母と子ども』の記事からもその様子が確認できる。岐阜県出版文化協会（のちに「教育出版文化協会」となる）発行の同誌は、野村芳兵衛をはじめとした県内の教育実践家らによって編集されており、母親らの投書も織り交ぜながら構成されている。一九五九年五月の創刊号から一九七三年一〇月号までの同誌の投書記事を参照し、地域に暮らすいわゆる普通の母親たちがどのような団体活動に関わっていたか、特に自発的に組織された団体に着目しながら、その活動がもっていた意味や母親像との関わりを検討していきたい。

母親が自発的に組織した団体について、『母と子ども』では一九六〇年二月号「おかあさんのグループ紹介」、三月号「おかあさんのグループ紹介―その二―」において、県下の母親による一二の団体が紹介されている。各団体の名称と所在地、結成年月とその経緯、現在の活動内容は**表3-3**のとおりである。これら団体の所在は岐阜市八、関市二、美濃市一、瑞浪市一と県南部の比較的人口が多い地域に限定されるものの、地域で団体が組織されていった経緯や取り組んでいる事柄、課題が示されている。なお、以後でこの二号から引用する時は、引用

表３-３　『母と子ども』で紹介された岐阜県下の母親グループ

団体名	所在地　結成	経緯	活動内容
番茶グループ	関市旭ヶ丘 一九五六年秋	小学校の母親学級で出会った母親で結成。	月一回、自由に話し合う場。話題は教育、文学、政治、音楽、社会問題など多岐にわたる。
楽しくくらそう会	岐阜市鷺山 一九五九年一〇月	野倉新生活研究所長・野倉健司氏を中心に鷺山近辺の主婦が月一回集まっていたことから結成。	月一回、家庭を育てていく上で考えや教養を深めるため、子どもの教育や家庭経済に関することを学び話し合う。
くらし友の会	岐阜市香取町 一九五七年五月	中部日本新聞家庭欄「くらしの作文」の投稿者を集めて結成。	月一回、会員が日々のくらしについて綴った機関紙「くらしの友」を発刊。岐阜地区の例会は隔月で、文章の書き方や読書の仕方、家庭づくりなどについて学んだり、近況を話し合う。
あゆみの会	瑞浪市明世町 一九五八年八月	子どもの質問に答えられず困ったある母親が、周りの母親に話したところ同様な経験があるということで、勉強会をつくった。	はじめは読書会で教育や生活綴方に関わる本を輪読し、その中から関心をもったことを話し合い、研究を進めている。話し合いの記録として文集『あゆみ』を発刊している。
波紋の会 岐阜グループ	岐阜市鷺山 一九五七年	毎日新聞「女性の広場」投稿者と読者で結成。	月一回、講師のもと勉強会や社会見学などを行う。他地区グループと交代で文集を発行している。
いずみ会 関・美濃地区	美濃市殿町 一九五七年前後	朝日新聞「ひととき欄」を通じて各地区でグループができたことを新聞紙上で見て、有志で結成。	月一回助言者を招き、政治経済、平和、教育などについて学び、話し合う。また、他地区グループと交代で文集を発行している。

あけぼの会	岐阜市二番町 一九四八年ごろ	終戦後の混乱から落ち着いた頃、新聞を眺め、知らない言葉が多く並んでいたことから学び合う機会をつくった。	参加者自身の充実に重点をおきながら、月一回、勉強会を開いている。
子どもを守る会	岐阜市大門町 一九五一年	地域の婦人が集う料理会から、身近な問題について話し合う会へ発展。その後「日本子どもを守る会」に入会。	子どもの暮らしと未来を守るため、平和や環境、教育などについて学び、運動を起こす。例会は月一回。
むつみ会	岐阜市本荘 一九五七年二月	地域内での母親の交流が少ないことに問題を感じたある母親が、周囲に呼びかけて結成。	月一回、身近な問題を話し合う。講師を呼び、子育てや教育、平和、保健衛生や政治について学んだこともある。母子で楽しめる遠足も行っている。
波紋の会 関グループ	関市下有知 一九五六年五月	毎日新聞「女性の広場」投稿者と読者が愛知・岐阜の各地区で会を開くことになった際、関グループも結成された。	身近な問題について話し合い、学びあう。一九六〇年二月からはＮＨＫ婦人学級にも参加し学んでいる。
いずみ会 岐阜グループ	岐阜市加納町 一九五六年前後	朝日新聞「ひととき欄」に投稿する主婦や、職業婦人が自然に集まって結成。	月一回集まり、子育てや家計、政治について討論したり、雑談したりする。会員が講師役となり料理講習をすることもある。また、他地区グループと交代で文集を発行している。
しるべ会	岐阜市本荘 一九五三年ごろ	婦人公論の読者投稿欄「婦人のひろば」に岐阜の読者が地域でグループをつくりたいと書き、有志の読者が集った。	本を読んだり講師を招いたりして、教育、政治、経済、文学などその時々に関心を持ったものを学び、議論する。会員向けに毎月「しるべ便り」を発刊し例会の様子を伝えているほか、年一回機関紙を発行している。

直後の括弧内に該当月と頁数のみを記すこととする。

母親たちがこうした組織を立ち上げた背景は大きく二分できる。一つは「安心してものが言える場所がほしい」（二月号、八二頁）、「私も子どもの質問に困った、私は新しい学校教育がわからず困っているといった人たちで、おかあさんの勉強会をつくった」（二月号、八四頁）等、地域で交流のあった母親が身近な困りごとからゆるやかにつながり始められたものが六団体であり、二つは、当時都市部を中心として各地区で組織された新聞・雑誌の投稿者・読者グループの県下版といえる団体が六団体であった。

活動する母親の思い

いずれの会においても、母親たちが感じる身の回りの課題について話し学び合う活動が行われており、定例会にあたる集まりは概ね月に一度開かれていたようである。こうした活動の目的は団体ごとに異なりつつ、一方は家庭や子育ての上での悩みや困りごとを共有し解決することに重きをおく家庭・個人志向の組織、他方は積極的に社会運動や政治運動をおこなう社会志向の組織、また二つの方向性を結んだグラデーションの中に存在する組織もあった。

前者の家庭・個人志向の組織では、会の活動について「女の人たちが家庭をそだてていくために考えをひろめ、趣味を豊かにする」（二月号、八三頁）、「自分が充実することに重点を置いて、社会的には直接には活動をしていない」（二月号、八八頁）といった表現がされている。こうした会で活動する意義として、「月一回の勉強の会が相互の顔を見る会になって、その雰囲気にひたるだけでも心楽しい集りに発展していくことも良いことだと思っています」（二月号、八八頁）、「会員のひとりひとりが平凡な主婦であるということがとても心安く、安心してなんでも話すことができるということが魅力」（三月号、八七頁）というように仲間内で楽しく話をしたり、気兼ねなくわからないことや困りごとを共有できたりする、癒やしと安心の場として価値づけられている。

後者の社会志向の組織は、政治や社会に向けて活発に運動を行っており、その内容は原水爆禁止、警職法、勤務評定や安全保障に関する問題、駐留軍立入禁止運動など多岐にわたりながら、母親大会で取り上げられた社会的問題と多く重なっている。そうした活動の背後には「子供の未来を育てるために、もっともっと働きたい」（三月号、八三頁）、「世の中の動きに女性の立場としてたたねばならない場には（中略）行動を起しました」（二月号、八七頁）といった母親、女性としての使命感、責任感が見受けられる。

また、グラデーションの中にある組織は、多様である。例えば、いくつかの団体では「災害には大きな協力の力を発揮いたしました。被災会員にはいち早く、義援金による見舞金、布団、衣類などが渡されました」（二月号、八五頁）というように家庭・個人志向を基本としながら災害支援などの限定的な場面で社会への働きかけを行っていた。そしてその活動を通し、「入会して半年、やはりひまな奥さん方のおしゃべり会かナと思いかけていた矢先、伊勢湾台風の時の会員相互の活動は目覚ましく、組織の強さということを、再認識いたしました」（二月号、八七頁）と災害救援活動を行った経験から、組織的に活動することに対する希望を見出している。またある団体では、「例会。お互いが忙しい時間をさいて集るひと時。見栄も気取りもなく、百円の菓子を皆でつまみながら、大いに語り、大いに笑い、そして反省もしあっている。子どものこと。特売店のこと」と家庭、個人志向であった組織が、「このごろは時局問題がよく取り上げられ、（中略）身近な問題から、目が政治に向けられつつあることは、〝むつみ会〟にとって大きな前進だと思う」（三月号、八五頁）と次第に社会へ目を向けていく様子もみられる。

ただ、このように社会とつながりをもつ組織であっても、政治や社会問題に対しては「一さいの政治、社会問題に、グループの名において、行動をしないという基盤に立っている」（二月号、八五頁）という団体や、「会としては政党色を持たないで、自由に他の諸団体と交流して行きましょう」（三月号、八九頁）という団体もあり、スタンスはさまざまである。こうしたスタンスが批判を恐れてのものか、政治色を嫌ってのものか、誌面からは明らかでない。

なお、組織に参加する母親の階層や背景については述べていない紹介文が多いものの、あるグループは活動紹介に続けて「こんなに書いていると、いかにも有閑マダムばかりに聞こえますが（中略）農家として（中略）時間と経済に恵まれないために子どものめんどうが十分見てやれない」、「そんな苦しい中でも、子どものしあわせを願って、どのおかあさんも一生懸命（中略）わずかずつでも勉強しようと思えば、何としてでも時間は生み出せるもの」（二月号、八四頁）とある。また他の号では「P・T・Aより、婦人学級より、今日の五十円がほしいという現実の生活です。（中略）私がとっている一冊の母と子どもは、先ずグループを廻覧し、読み合います」（一九六〇年五月号、一〇〇頁）という読者もみられ、学びや活動を求めていた母親たちは必ずしも経済的に裕福ではなかったことがわかる。

母親による活動の波紋

しかしながら、こうした活動は必ずしも周囲から好意的に受け止められず、「仲間作りには成功しましたが、周囲がなかなかゆるしておきません」（二月号、八五頁）と活動の課題を報告するグループもあった。活動が許しておかれない状況とは、「三〇代の、一番活動的な人たちで、家庭で職場でそれぞれ忙しい最中ですので、例会での出席が思うようにいきません」（二月号、八二頁）、「お勤め、家庭の主婦ともなれば、なかなか思うように出られない」（三月号、八九頁）というように家事育児、場合によっては勤労もしながらの多忙な生活ゆえに難しいという部分もあるが、当然それだけではない。「妻の座のむづかしさ」、「社会の婦人に対する目のむづかしさ」（三月号、八二頁）である。詳しい言及はないが、「いろいろの中傷があり（中略）特に田舎程むづかしいんじゃないかと思います」（二月号、八五頁）という言葉には、第一節で述べた母親像が影響するものと考えられる。すなわち、母親大会への参加と同様に、地域での活動においても、周囲から求められた母親像に縛られる母親のありようが見受けられる。

また、活動の中でも、より主体的で積極的な参加を阻む周囲の目があった。他の号で母親学級を始めようという公民館長との座談会では、ある母親が「うっかり、いい事でもいってごらんなさい、この次は婦人会の会長にまつりあげられてしまう。主人には怒られる。娘には馬鹿にせられる。姑には皮肉をいわれる。（中略）黙っているのに限りますよ」（一九六六年七月号、五二―五四頁）と述べている。当時の母親にとって、人前、特に普段から関わる地域において発言するということへの抵抗感は、他の座談会記事でもみられた。「文集なんかに、自分の文章を出すとなると、とても勇気がいります。それも結局は後の批評がこわくて、出さないということになる」、「半農の人が多い校下では、そうした封建制がとても根強いのね。何かというとカゲ口をたたかれる」（一九五九年二月号、五一―五二頁）。

ここまでに引用した言葉から明らかなように、母親たちが活動することは、家族を含めた周囲からの波紋を受けることにつながりかねなかった。その反応を恐れ、あるいは嫌って、活動に参加したとしても、波風を立てないよう努め過ごす母親たちもいた。経済成長に伴う社会の変容の中で求められた母親像は、母親たちを家庭に縛り、必ずしも社会に対して挑戦的でない学びの活動からも、母親たちを遠ざけていたのである。

注

（1）藤井治枝『シリーズ・現代家庭教育新書53　誰のための家庭か』明治出版、一九七二年、三七―三八頁。
（2）高度成長期を考える会『高度成長と日本人　二、家庭篇　家族の生活』日本エディタースクール出版部、一九八五年。
（3）藤井治枝編著『婦人問題双書③　家庭と女性　つくられたマイホームからの脱出』現代婦人問題研究会、一九八〇年。
（4）稲葉ナミ「共稼ぎ家庭と一般家庭の夫婦の生活の時間的構造について（第1報）」『家政学雑誌』第九巻第一号、一九五八年。
ここでの夫の職業は東京都公立中学校教諭に限定されており、また共働きの妻の職業もほとんどが教員であることから、この結果は当時の共働き家庭の様相を必ずしも代表するものとはいえないと考えられる。
（5）小山静子「少産社会の子ども観―「作るもの」「育てるもの」としての子ども―」『教育学研究』第七一巻第四号、二〇〇四年。
（6）山手茂・山手秀子『現代日本の家族と家庭』高文堂出版社、一九六五年。
（7）上野千鶴子『主婦論争を読むⅠ』勁草書房、一九八二年。同『主婦論争を読むⅡ』勁草書房、一九八二年。
（8）日本母親大会十年史編纂委員会編『母親運動十年のあゆみ』日本母親大会連絡会、一九六六年。
（9）生活をつづる会編『おかあさんと生活綴方』百合出版、一九五七年や、浦辺史「第三回日本母親大会に参加して」日本福祉大学付属人間関係研究所『中部社會事業』第六号、一九五七年等、多くの文献にその模様が記されている。
（10）酒井節子「母親大会をひらくまで―さまざまの抵抗をのりこえて―」『月刊社会教育』一九六一年、二二一―二二五頁。
（11）畠山英子「母親大会の魅力」『月刊社会教育』一九六一年一二月。
（12）山家和子「母親運動の発生とその性格」生活科学調査会編『講座・日本の社会教育　第四』医歯薬出版、一九六〇年、三二五―三三四頁。
（13）前掲（3）三五頁。

（二村　玲衣）

第4章

生活構造の変容と学習・文化活動

1　阿智村における生活構造の変容と自己教育運動

阿智村における自治体合併と中学校建設

阿智村は長野県南部、下伊那郡の西部にあり、人口六〇六八人（二〇二〇年）、面積二一四・四三平方キロ、山林が九三％を占める村である。中山間地域に位置する阿智村は、農林業が中心の村ではあるが、高度経済成長期の産業構造の転換の中で、工場誘致にも力を入れた。そのことによって、住民の暮らしは変わり、新たな課題も発生したが、住民と職員がともに学び合うことで乗り越えようとしてきた。

阿智村は会地《おおち》村、伍和《ごか》村、智里《ちさと》村が合併して、高度経済成長がはじまろうとする一九五六年に誕生した。当初の合併構想には、山本村と清内路村も含まれていたが、最終的には三か村の合併となった。これは「昭和の大合併」の中でのことであり、その最も大きな目的は、農山村の場合、中学校の建設ということだった。戦後六三制教育がはじまったものの、ほとんどの村では小学校に中学校が併設されていて、それを独立させるのが大きな課題であった。そのようなことで、阿智村も八〇〇〇人規模の自治体にして、独立した中学校を建てることをめざした。

ところが、五七年六月に恵那山で三〇〇ミリの大雨が降り、麓の智里西地区で九人が命を失うという大きな被害が出た。そしてその復旧最中の五九年九月には、伊勢湾台風にみまわれて、三〇〇戸が全半壊するという被害が出た。その復旧が一段落した六一年にも大水害にみまわれ、その被害総額は二億円以上で、当時の村の一般会計予算八七五〇万円を大きく上回るものだった。そのようなことで、中学校の建設は予定よりも遅れ、六三年に開校することができたが、それでも一部は建設途中という状態だった。

経済構造の変容と人口減少

一九六〇年に「国民所得倍増計画」が発表され、六一年には農業基本法が制定されて、日本社会は農業中心の経済から工業中心の経済に転換した。そのような中で阿智村からも若い世代を中心に村を離れる人が増え、六〇年に七六九六人だった人口が、六五年には六八九五人に減少した。

中学校を卒業した子どもの半分くらいは名古屋や東京に就職して、半分が地元の阿智高校等に進学したが、その子どもたちも高校を卒業すると大半は村を離れた。地元には女性は製糸工場の天竜社とシチズンの子会社だった平和時計という働く場があったが、男性の働く場は農協か役場くらいしかなかった。しかしそこも、三村が合併した後だったために職員が過剰気味で、新規学卒が採用されるのは大変だった。

そうしたところに、一九六一年の災害があり、災害復旧に男性職員が必要になり、私は村の職員に採用された。災害復旧工事は農家の人たちに働く場を提供することになった。そこでは男性も女性も働き、家計を維持する役割を果たしが、それが一段落した時に、働く場所をどうするかということが問題になった。そこで阿智村では、六三年に「工場設置奨励条例」を制定して、企業誘致に取り組むことになった。

村の暮らしを変えた工場誘致

「工場設置奨励条例」が制定されて最初に阿智村に来たのが、呉服屋さんをやっていた人が中心となって作った丸駒産業というワイシャツをつくる会社だった。一九六四年に会地小学校にあった古い体育館を提供して操業がはじまった。それに続いて、村の職員だった人が阿智化学というゴルフボールを作る工場を立ち上げた。

一方で、出稼ぎも行われていた。伍和出身の人が神奈川の鎌倉で自動車のシートを作る会社を興して、自動車産業が成長の最中だったため、伍和地区の農家の人たちを冬に出稼ぎに呼ぶということがあった。それは家計にとってありがたいことだったが、父親が長く不在になることで、子どもの育ちによくないことがおきるのではないかということがＰＴＡで話題になり、その時の小学校の校長先生とＰＴＡの会長さんが、阿智村に工場を持ってきてもらえないかとお願いに行った。すると、そのことを引き受けてくれて、六七年から盟和産業が来ることになった。

盟和産業は阿智村の経済構造を大きく転換することになった。神奈川にある工場と同じように働いてもらうということで、盟和産業の工場は昼夜三交代制だった。すると、農業をやりながら勤めることができるようになり、近代的な工場で職員の待遇もよかったので、新卒の子たちも盟和産業に就職するようになった。

そして、自動車のシートというのは弾力性があって、それに温度の差もあると、型に嵌めて切るだけではうまくいかずに、鋏を使った手作業で形を整えるということをしなければならなかった。そのために下請けの仕事が必要で、牛や蚕を飼っていたところに「納屋工場」をつくって、そこに近くの人たちが集まって働くということが広がった。当時は、六〇〇〇人くらいのうち二〇〇〇人くらいが盟和産業の仕事に携わっていたのではないかといわれるほどだった。そのように、盟和産業によって阿智村の暮らしが大きく変わることになった。

また、伊那に興亜電工という会社があり、この会社は「農村工業」という考えで、各村々に分工場をつくっていて、興亜電工阿智工場ができた。この工場も二交代制だったので、農業をやりながら働けるということで男性がそこで働くことになった。

　こうして、阿智村は飯田・下伊那の中でも飯田市に次いで工業出荷額が大きく、七五年には五八億円になり、高度経済成長期の後も伸びて、八五年には二二三億円になっていった。

公害の発生と対応

　高度経済成長の負の側面として公害問題があるが、工場誘致を積極的に行った阿智村でもその問題が起こった。盟和産業が一九六七年二月に操業を開始したが、桑の芽吹きが始まる四月に桑が枯れるということが大きな問題となった。

　桑園の中に工場が建てられていたので被害は大きく、次第に周辺の桑畑をはじめ植物の葉が枯れることになった。

　村では早急に対策会議をもって、会社と交渉に臨んだ。工場は都市部にあって桑園のような作物の中での操業は初めてであり、対応に苦慮したが補償等に応じる等対策をすすめることになった。

　六〇年代半ばから四日市公害をはじめとする公害問題が社会問題となっていた中での被害であったが、被害農民と対立することもなく、村が間に入って対策が続けられた。

　公害の原因究明のため、長野県衛生研究所の検査が行われ、最終的には厚生省の検査機関において検査が行われ、原因がビニールを柔らかくするために使った「可塑剤」であることが突き止められた。

　約半年間、被害者組合・会社・村・県等が対策を協議してきたが、原因の究明を受けて会社は排ガスや粉塵の除去装置を一一月に設置した。阿智村役場の調査にもとづく被害補償を行う等の協定書を締結し、創業者が多大な犠牲を払って解決がなされた。

この間、公民館報には二回にわたって経過を取り上げてきた。「公害を招いた工場誘致」という見出しで状況を報じたのである。

女性の働く意識と授産所の拡大

高度経済成長の頃にも、戦後開設された授産所があった。それは戦争で夫を失った女性が働く力を身につけるための生活保護にかかわる事業であるが、次第に福祉作業所的な役割をもち、女性が正規の就労はできないが、働きたいと思った時に役立っていた。しかし、それは授産所の本来の趣旨ではないので、そろそろ廃止しなければならないということだったが、私は異動で授産所に勤務することになった。婦人学級や若妻学級に集まった女性たちの中には、現金収入を得るために緩やかな勤務状況で働きたいという希望をもつ人たちがいた。私は女性の自立と労働に関心をもっていたので、異動を機に授産所で福祉作業所としての機能を広げることにした。

授産所では、阿智化学のゴルフボールと造花と作業用皮手袋の縫製というのをやっていたが、盟和産業の下請けも、授産所で引き受けることになった。すると、女性たちが授産所に来て働くようになった。また、授産所が手狭になっていたところに、ワイシャツ縫製の丸駒産業が新工場を建設して小学校の旧体操場から移転したので、そこに授産所を移動することにした。

盟和産業からは、当時もっとも売れていたカローラやサニーのシートの仕事が入り、資生堂の景品の財布を作る企業の加工も引き受け、以前から行っていたゴルフボールづくりもあって、授産所を拡張することになったわけである。そして、役場から離れた智里西や智里東、伍和の地区からも働く場をつくってほしいという要望が寄せられるようになった。希望する人たちで共同作業場をつくって女性の働く場を確保したいということから、授産所で引き受けた仕事をそちらに回すということが行われた。

また、飯田・下伊那地域に授産所協会があり、いくつかの授産所がシーツとカーテンの縫製を事業所から受けており、その会社が事業の拡張を計画していたので、その工場を智里東につくった。どこかに仕事をやりたい人がいたら、そこに作業所をつくって、これらの仕事をもっていって、女性が働ける場を授産所としてつくっていった。

このように、授産所が働く場所として婦人学級や社会教育の延長線上で取り組まれるという状況が生まれた。しかし「授産所が下請けをもつとは何事か」と行政の中では批判もあったが、やがて授産所で働いた女性たちは正規雇用の場を求めて村内の工場に勤務することになる。そういう中で、「手をつなぐ親の会」から、障害をもっている子どもたちが施設に行かないでこの地域に暮らせるようにとの願いが寄せられるようになったこともあり、障害をもっていたり、正規雇用が難しい人の働く場としての本来の授産所の必要性が高まってきていた。そこで、一九七五年に新しい授産所が新築開所され、それが阿智村で障害者のことを考える出発点にもなった。

社会運動の盛り上がりと「青年の集い」

日本社会では、一九五〇年代半ばから戦後改革でつくられた民主的な制度が切り崩されることに対する国民運動の盛り上がりをみせた。五五年に母親大会や原水爆禁止世界大会が開催され、五六年には国防会議構成法や新教育委員会制度への反対運動が起こり、五九年に「安保改定阻止国民会議」が結成され、六〇年の安保闘争を迎えた。

阿智村の場合は、革新的な力が強くて、安保共闘の闘いがあり、その中心になったのが、役場の労働組合と郵便局の労働組合と教職員組合だった。郵便局の若手の人が中心となって、六一年に出た政治的暴力行為防止法に反対する運動が安保共闘を引き継ぐかたちで行われ、その中で「青年の集い」が計画された。高校生の中にも安保の問題などに関心があり、飯田・下伊那の高校の出版部で、学生集会の計画も立てられたが、学校に発覚して止められるということもあった。私は政治問題に関心をもっていたので、積極的にかかわることになり、事務局的な役割を担うことになった。六一年に「青年の集い」がはじまり、そこでは国政問題や地域の課題を青年が持ち寄ってどういう村づくりをしたらいいのかという話し合いが行われた。

「青年の集い」は村内各地で開催されることもあったが、そこでは話し合いもしたが、歌ったり踊ったりという楽しい集いだった。ロシア民謡や「しあわせの歌」「原爆許すまじ」など『青年歌集』に載っている歌が各地区に広がっていった。飯田・下伊那では「伊那のうたごえ」という集いが毎年開催されていて、それに向けてコーラスの練習をしたりしていた。そうするとアコーデオンがほしいという話になって、公民館の主事さんにアコーデオンを買ってもらいたいとお願いし購入してもらうことができた。車をもっている青年が少ないので、仲間のダンプにみんなが乗って荷台で歌ったり、夏は富士見台でのキャンプをしたり盛んに交流した。そのようなこともあって、「青年の集い」には、農業や農協に勤めている女性だけでなく、天竜社や平和時計に勤めている女性も参加した。

「実力派青年集団」と呼ばれた人たち

この当時の阿智村青年団は、旧村単位の青年団が連合した組織となっていて、会地、伍和、智里の青年団が、それぞれに文化活動や学習活動のほか地域の経済活性化の活動に取り組む一方で、下伊那郡青年団の呼びかけに応じて、それぞれの町村団でもその方針のもとで活動をすすめていた。その中心は原水爆禁止運動であり、日本原水爆禁止協議会（日本原水協）が一九五五年に設立されると、下伊那の各町村でも設立の機運が高まった。阿智村では五七年に村長を会長とした阿智村原水爆禁止協議会が設立され、広島で開かれる世界大会に婦人会や青年団から代表を送った。また、六三年にはアメリカによるベトナムへの攻撃がはじまり、日本の米軍基地がそのことに使われると、配備反対の運動が盛り上がり、多くの青年団員が反対運動に参加した。

一方、4Hクラブは、五〇年に農業改良普及員の指導にもとづいて、新しい農業の技術や経営を広めるために、青年が中心となって各町村に組織されていた。これも旧村単位で活動を行い、4Hクラブの趣旨に沿って農業技術の普及に熱心なところもあれば、レクリエーションが中心のところもあった。

また、六〇年の安保闘争は敗北したものの、そこでできた村内のつながりは残っていて、先に述べた「青年の集い」が開催された。この集会は、自民党が国会に提出した政治的暴力行為防止法の阻止を目的としたものであったが、これをきっかけに、恒常的な青年組織に発展させていくことが考えられ、青年団、4Hクラブや全逓、各小中学校、農協、阿智高校、信南交通、役場の各労働組合、民青連、商工会青年部など一七団体によって「阿智村青年協議会」が設立され、地域の課題や平和について話し合う「青年の集い」を主催した。

ここで出された大きな意見は、農業者の青年からの「冬は土方、夏は百姓」という不安定な暮らしから脱却したいということだった。日本の農政が大きく転換する中で、阿智村に多い小規模の農家がどのように生活の安定を図っていくかということは重要な課題だった。そして、敗戦直後から農村青年は「農文協」を中心に農業の近代化や、地域や家庭の民主化について学習に取り組んできたという歴史もあった。そして、不安定な暮らしから脱却するために、たとえば、伍和の青年たちは、村の将来の姿として「乳と蜜の流れる村」を掲げて、農耕の馬や牛ではなく、乳牛を飼う若い農業者が増えた。その他、農業近代化への関心の高まりによって、酪農、養鶏、養豚、肉牛、キノコ、果樹の規模拡大に取り組む青年も多くなった。

また、多くは農業から勤めに出るようになり、農業経営から離れる青年もいたが、積極的に農業で生きていくための学習が積み重ねられた。一方で、誘致した企業に勤めつつも農業経営にも熱心な青年は、地域の中でも企業の中でも中心的な役割を果たした。私はその人たちを「実力派青年集団」と呼び、その後の村づくりの中でも随所に力を発揮することになったと考えている。

農政・農業問題を学ぶ農業農民講座

一九六〇年代初頭、農業基本法制にもとづく動きがはじまったが、阿智村では第一次の農業改善事業に取り組まなかった。その理由は、阿智村の場合は、五反百姓が中心なので、農業そのものをどうするかということよりも、工場誘致も含めて、農家の人たちの農業外の稼ぎをどうしたらいいかということが大きかったということがあり、大規模農業経営ということに対して考えにくいということもあった。

そのようなことから、農業基本法制の具体化をすすめる学習ではなく、農業の問題を根本から考える必要があると考え、六六年に「農業農民講座」が開設されることになった。これには農協や農業委員会もかかわるが、公民館の事業として取り組まれることになり、公民館報でも「阿智村の農業を考える」という大きな記事が掲載された。

公民館と農業のかかわりは、戦後すぐに新しい農業技術の普及に取り組んだということがあり、たとえば、折衷苗代なんかの開発をすすめたことはあるが、農政の課題に取り組んだのは、この「農業農民講座」が最初だった。

そのようなことで、第一回の「農業農民講座」の基調講演は藤岡貞彦さんが行って、社会教育の立場から農業問題を考えることの必要が話された。そのようなことから、農業技術や土地改良の方法を学ぶのではなく、農政から農業問題をどう考えたらいいかを考える学習が取り組まれ、農業経済学や農村社会学、社会教育の研究者を招聘した。

労働運動と地方自治研究集会

このような「青年の集い」や「婦人集会」「農業農民講座」と並行して、役場の労働組合では、賃金等の待遇改善を求める運動とともに、地方自治を守る闘いが行われた。そこでは、地方自治財政を確立して「地方自治権」を認めさせる運動の一環として、自分たちの仕事を見直し、住民とともに住民のためになる仕事の確立をすすめる運動が展開された。

そのような中で、第一回地方自治研究集会が一九六五年に開催された。住民と職員が集まって、①農民の苦悩をどう解決するか、②岐路に立つ自治体財政と社会教育の悩み、③住民の健康を守るために、という三つの分科会がもたれた。

このような学び合いは、住民の側からは、具体的な行政課題を明らかにすることにつながり、職員の側からは、行政をすすめるうえでの職員としての課題を明らかにすることにつながった。そして社会教育から見ても、行政の学びと住民の要求が出会う機会として、このような地方自治研究集会のような取り組みが必要であることを多くの人が感じるきっかけになった。

下伊那主事会から学び分館長・分館主事とともに考える

一九六〇年代前半の阿智村の教育委員会の体制は、旧伍和村で公民館の主事をやってきた人は中学校の統合事務の担当になり、旧会地村の公民館の主事をやってきた人は教育委員会の係長になり、六二年に私は中学校建設の担当だったために、公民館を担当する職員が空白になっていていた。そのような中でも、旧村単位の公民館分館は分館長をおいて主事は青年団を経験した人が当たるということで活発に動いていた。

公民館を主として担当する職員がいないことから、「二水会」という下伊那郡の公民館主事会に阿智村からは参加していなかったが、私は青年団や4Hクラブの活動で下伊那郡の社会教育の関係者とも一緒になることがあったことから、職場で了解をもらって、「二水会」に参加させてもらうことにした。当初は、公民館が本務ではないので、下伊那主事会で学んだことをすぐに実践に移すことはできなかったが、公民館報の編集部はしっかりしていたので、その編集に加えてもらって、住民に情報を提供することからはじめた。

そして、私は中学校の建設の傍ら、社会教育を中心に仕事ができるようになり、もっといい公民館活動にしたいと思っていた分館長や分館主事たちと月に一回「館長・主事会」を開くようになった。終わった後は酒を飲むという会だったが、そこではしきりに「村政の民主化をどうするか」ということが語られた。「村政の民主化」ということの背景にあったのは、議会中心の村政ということがある。議員はとても優れた人たちだったが、議会中心になるということは力のあるところに片寄るということになるので、館長・主事の皆さんは住民の方に向いてもらおうという意見をもっていた。また、地域振興をどうしたらいいかということも語られて、それらを発信するため、六四年の公民館報に「公民館長の新春放談会」が掲載された。

分館主事は青年団をはじめ地域の中で活動してきた人たちであり、私よりも一〇歳くらい年上だったが、下伊那主事会で学んできたことを話すとよく聞いてくれて、今から思うと、若造の言うことによく付き合ってくれたなと思う。また、阿智村公民館の館長さんも開明的な人で、下伊那主事会で考えていることや「館長・主事会」で話し合ったことに理解を示してくれ、公民館の活動が活発になっていった。

「行政を社会教育の場に引き寄せる」社会教育研究集会

これまで述べてきたように、高度経済成長期の阿智村では、工場労働者が増加して農作業を通したつきあいが薄くなり、工場誘致をすすめながらも開発政策とどう向き合うのかという戸惑いがあった。経済をはじめとする社会の変化は、地域の暮らしのありようを大きく変え、住民の中に起こっている生活課題を社会に関連づけて、解決の方法を個人的な問題にせず、周りの人たちと共有化していく学習が社会教育に求められた。そしてこのことが、一九五〇年代の女性や青年の高い学習意欲と結びつき、さらに六〇年の安保闘争で政治への関心を高めた。五〇年代に婦人学級がそれぞれの村でかなり盛んだったが、合併によって公民館が手薄になっていたので少し停滞していたところに、私が公民館の仕事をするようになって、勉強会が組織されるようになっていた。

そのようなことから、住民がとらえた地域の課題を、分科会として深めていく集会の形式が広がることになった。阿智村では「あちむら婦人集会」があり、「青年の集い」があり、「農業農民講座」があり、「自治研究集会」がはじめられた。また、下伊那の各市町村でも青年や婦人の集会のほかに「公民館大会」「公民館研究集会」として婦人や青年・成人男子も参加した集会がつくられていた。

このような中で、阿智村公民館として、事業計画にもとづいて「村民研究集会」を計画することにした。開催にあたっては、公民館中心の集会にするのか、社会教育関係団体による実行委員会形式にするのかが、公民館の「館長・主事会」で議論された。結果は、村内の各種団体に呼びかけて、実行委員会をつくって行うことになり、青年団、婦人会、家族計画研究会、各学校ＰＴＡ、商工会、保育園保護者会、農協青年部が実行委員会を構成して、六七年に第一回「阿智村社会教育研究集会」が開催された。そこには、村長をはじめ村の課長、村議会議長、議員、学校長、農協組合長、商工会長など村の役職者も参加して、全体で一二〇人くらいが集まった。

記念講演は信州大学の松沢盛茂農学部長による「道路開発と村の農業」で、中央道の開通にともなう村の産業振興の方向性を考えるためのきっかけになった。分科会は、①村の政治の問題―村民の側に立った行政を―、②農業の問題―具体的な農業施策を―、③商工業振興について―地域変化に対処できる商工業を―、④幼児教育と保育―幼児教育を国の責任で―、⑤学校教育と家庭教育―子供の成長に合わせて―、⑥後継者の問題―青年がいきいきと生きられるように―、⑦健康を守るために―生命を守る行政・健康意識を―、とされた。

第一回の集会では、分科会ごとにレポート発表を用意するというすすめ方には考えが及ばず、それぞれの分科会に役立つ資料を公民館職員が中心となって用意して、議論をするというかたちだった。また、役場の労働組合は「社会教育研究集会」を「自治研究集会」と位置づけて、分科会の記録係や世話役を担った。そして、回を重ねていく中で、話し合われたことを行政への要望書にまとめ、集会の実行委員会が村長等と懇談するようになっていった。このように、社会教育研究集会は「行政を社会教育の場に引き寄せる」ことになり、住民も行政も同じテーブルで意見を交わし、学習し合うことができる場となった。

五四年間途切れることなく続けられてきた集会が、コロナ禍で中断を余儀なくされたが、その時々の地域の課題を出し合い解決に向けて学習し合うことによって、課題を共有し実践していくきっかけをつくるという役割を集会は担ってきた。このことにより、阿智村の住民による自治は大きく発展したと思う。全体集会が開けなかった二〇二三年度は、住民が中心となって課題別の学習や話し合いの機会がもたれた。

参考資料

岡庭一雄「回想の昭和三〇年代　その一―災害を乗り越えての挑戦―」阿智学会『あちジャーナル』第九号、二〇一六年
岡庭一雄「社会教育研究集会はこうして始められた―その歴史を振り返る―」阿智学会『あちジャーナル』第一九号、二〇二一年

（岡庭　一雄）

2　現代につなぐ山本慈昭の社会運動と社会教育

映画『山本慈昭「望郷の鐘」満蒙開拓団の落日』（山田火砂子監督）は二〇一四年に公開されたが、映画の撮影ロケのほとんどは阿智村で行われた。

映画の主人公である山本慈昭（以下「慈昭」とする。）は、一九四五年五月に阿智郷開拓団（長野県下伊那郡会地村、伍和村、山本村の出身者で構成）の教員として満州に渡ったが、その三か月後にソ連が参戦し現地で敗戦を迎えた。この映画は満州に渡った現在の阿智村を中心とする開拓団の悲惨な逃避行の記録であり、そのまま中国に残された子どもや女性の肉親捜しに生涯をかけた慈昭の半生を描いた作品である。

「中国残留孤児の父」(1) とも呼ばれる慈昭の孤児たちの肉親捜しの運動は、阿智村からやがて国の政治をも変えていくことになった。この運動は全国的に知られているが、慈昭の阿智村における活躍はこれだけではない。シベリア抑留者として帰国した慈昭は役場に勤め、村の公民館建設や保育所づくり、郷土史学習などにも旺盛に取り組んでいる。しかも慈昭の先駆的な社会運動と社会教育活動は、現代の「住民主体の村・阿智村」の淵源の一つと考えられる。

(1)　慈昭と満州開拓団

青年僧慈昭の経歴

慈昭は一九〇二（明治三五）年に長野県飯田市に生まれ、八歳で仏門に入る。一二歳で僧名「慈昭」をいただく。

その後、一九一八（大正七）年から善光寺で修業を積み、一九二一（大正一〇）年に二〇歳で比叡山中学に入学。卒業後、代用教員で学資を稼ぎ、比叡山専修院附属叡山学院に入学。一九三一（昭和六）年には汎太平洋仏教青年大会[2]との関わりでハワイに渡り、ホノルルで延暦寺別院の創立に尽力する。そして日本が国際連盟を脱退した一九三三（昭和八）年に帰国し、岐阜県大日坊住職ほかを経て、一九三七（昭和一二）年に阿智村の長岳寺に転住する。

慈昭は叡山学院時代に仏教青年会の運動に関わった。仏教界の堕落に青年僧たちが反発して全国でデモや集会を開き、その京都の運動の中心が比叡山の慈昭であり、関東で立ち上がったのは安楽寺にいた修行僧今東光であったという[3]。

天台宗の開祖・最澄の言葉「一隅を照らす」とあるが、その実践として、世のため人のために生きようとする慈昭の強靭な意志と反骨精神は仏教の修業時代に形成されたものであろう。

阿智郷開拓団の逃避行

慈昭は、長岳寺の住職を務めながら会地村（現阿智村）の方面委員（現在の民生委員）になり、また隣村の智里村（現阿智村）の小学校の教員をしていた。また農繁期には農繁託児所の主任となって、智里村の三カ所の託児所をまわっておやつを配給したりお話をしたりすることもあったという。

村民から信望が厚かった慈昭は阿智郷開拓団の在満国民学校の教員に依頼された。一九四五年五月のことであるが、慈昭は依頼を断り切れずに一年の約束で妻子とともに教え子五〇人を引率して宝清県北哈嗎《はま》に入植した。北哈嗎はソ連国境から八〇キロの辺境地であった。

そして慈昭が入植した五月一八日からわずか二か月半でソ連が参戦し、八月一〇日から「死の逃避行」が始まる。開拓団一七五人のうち、成人男子の大半は現地応召され、慈昭ら男子三三人のほかは女性・子どもの一団で、一二〇キロも離れた宝清をめざして出発した。

飢えや寒さで疲れはて、病気で亡くなる者、銃撃される者、集団自決する開拓団に遭遇するなど、極限の状況の中で多くの人々が犠牲になった。ようやくたどり着いた宝清の街はすでにからっぽで、一団は二手に分かれ慈昭らは勃利《ぼつり》へと逃避行が続く。途中で日本の敗戦を知らされ、ようやく三〇日に勃利に到着したが一行は収容所に収容される。そして九月三日に慈昭をはじめ一六歳以上の男子は家族や子どもたちから引き離されて今度はハバロスク収容所へ連行された(4)。

「満蒙開拓」は、「満州農業移民百万戸移住計画」を国策として、満州国の治安維持、ソ連からの防衛という軍事目的をもった移民計画であり、当時の日本の農村の経済更生計画として奨励された。「二〇町歩の地主になれる」という宣伝もあり、全国から約二七万人、長野県では約三万三〇〇〇人が送り出された。そしてソ連侵攻時に開拓団は応召された成人男子を除く二二万三〇〇〇人の内、約八万人が亡くなっている。阿智郷開拓団は一七五人中、戦後帰国できたのはわずか四七人である(5)。

慈昭がシベリアから帰還できたのは一九四七（昭和二二）年であり、そこで初めて妻や二人の娘そして多くの教え子の死を知らされたという。（後に孤児として中国で暮らしていた長女に再会する。）

慈昭は壮絶な二五日間の逃避行を記録し、それを「三寸角位の紙切れに、虫眼鏡でもなければ読めない程細かく書いて、帽子の中、衣服の中にかくし入れ」て持ち帰ったという(6)。悲惨な阿智郷開拓団の最後を何としても村の人たちに伝えるために「記録する」ことへの慈昭の執念であった。

(2) 公民館建設と児童福祉

会地村公民館の建設問題

一九四七年四月にシベリアから帰還した慈昭は、五月から会地村役場の厚生係に職を得る。仕事は引揚者の事務であった。

長野県では一九四六年九月に市町村へ公民館設置に関する通牒を発し、会地村では一九四七年七月に第一回公民館設立準備会が設けられた。教育委員会はまだ制度化されていないので、役場の教育事務は厚生課が兼務でしかも慈昭が担当した。そこで慈昭は公民館設立の申請書を書き、設計図も書いたという。しかし慈昭は建築士の資格をもっていたわけではない。

一九四九年六月に会地村公民館が開館する。「洋風木造作りの大きな建物で、一階奥に舞台、中は土間で長椅子が並べられ、二階はぐるりと二、三段の床で座って舞台を観覧できるようになっていた。西側の一階は炊事場と管理人住居、二階は五〇畳ほどの大広間と図書室、宿泊部屋があった」という(7)。開館式では「全国に誇るに足りる盛大な文化の殿堂」(下伊那公民館運営協議会長松島喜代太郎)であると祝辞で述べられている。

慈昭はこの工事経過をふりかえって、「総指揮は村会議長矢沢共一氏、現場監督は村議会から安川睦男氏、区の方から折山幾弥氏が出ていたが、その責任者も設計図に対しては色々と意見を入れ、当時の建築基準法など頭になく、何でもかんでも近村の人達が大勢集って来て、芝居でもみて飲んで帰れるようにと、どうしても公民館というものが、今日のように理解されないまま工事は進んでいった(8)」といい、慈昭が書いた設計図がいろいろな人の意見で変更されたようである。

そのことが公民館の開館後に村議会の建設委員会で大きな問題になった。建設のための当初予算が一五〇〇万に対して三四九万円余に膨れ上がり、約二〇〇万円の赤字になったのである。

「当初から計画が極めて慎重を欠いたうえ、着工と同時に地勢のため変更余儀なく予想外の増坪をなし経費超過をなした」と議事録にあり、翌年三月に赤字対策村民大会が開かれるほど議論が続出し、ようやくその翌年に山林を売却して決着している。(9)

建築士でもない慈昭が必要に迫られたとはいえ公民館を設計することにも驚くが、建設後の赤字の顛末について慈昭は何も書き残していない。慈昭にとってはあまり問題ではなかったということだろうか。こうした楽天的な慈昭の性格が時折現れる。

公民館の条件整備と映画会

会地村公民館は、全国に誇る「文化の殿堂」と建物の評価は高かったが、赤字問題もあり、備品設備や事業予算は厳しいものであった。そこで慈昭は舞台の演壇を建具屋に、そして各商店には名入りの幕を寄付してもらった。それから長椅子や和室の掛額、図書室の書籍二〇〇冊などは本棚と一緒に自分で寄付をしている。(10)必要ならば身銭を切ってまで仕事に打ち込むという慈昭の熱い思いを感じる。

当時の公民館では映画会がよく行われ、たくさんの村民が参加している。これはナトコ映写機を用いたアメリカの民主化政策の一環であったが、下伊那公民館運営協議会では「公民館映画」と位置づけ、下伊那地区内の巡回上映は二年間で二〇〇〇回、観覧者延べ百万人に達したという。各村で月一回、年一二本の巡回上映には、アメリカの宣伝映画だけではなく邦画も上映して村民の要望にも応えていた。(11)

会地村公民館の教養部長であった熊谷元一(12)も「映画は県や郡公民館運営協議会が主催する巡回映画が一年に七、八回まわって来た。邦画に限られていたが、村の人たちは無料で見られるので楽しみにしていて、いつも会場は一杯であった」と回想している。[13]

慈昭はこうした状況から、住民の「映画鑑賞会」を組織し事務局を担当した。「役場にも公民館に対する予算なんぞゼロに等しく、何も備品をそなえることもできないので、一案を考えたのが映画観賞会を組織し、映画を月三回見せて月二百円の会費をとることにし、全村から会員を募集した。当時公民館の収入として、映画会社が来て一回使用すれば三千円の使用料を貰い、映画だけで九千円の収入があるわけである。もちろんこの外に特別映画があったり、芝居もあったが、映画観賞会のみで公民館使用料九千円は確実に収入になるわけである。会員は二百三十人程できたと思うが、映画のフィルム代を映画会社に三回分一万二千円から九千円位支払ったから、月に一万五～六千円の金が会の運営費として残った。[14]」

慈昭は公民館活動で身銭を切ることを惜しまなかったが、鑑賞会を組織して経営的に維持していくこともしっかり考えていた。慈昭の公民館マネジメント能力ともいえよう。

保育所建設と児童福祉

役場での慈昭の仕事は厚生係であり、公民館業務は本務ではない。厚生係は生活保護と外地より引揚げてくる人達の世話や戦災処理の諸問題を取り扱うのが主な仕事であったが、児童福祉法の制定（一九四七年）を機会に慈昭の仕事は授産所の設立とそれに付属する保育所、母子寮の設置であり、県に補助金を申請することであった。あるとき慈昭は助役と共に県に出かけ、県が紹介した松本市蟻ケ崎保育園を見学して長岳寺と隆芳寺の境内二か所に保育所を建設した。費用節約ということもあり、慈昭は地鎮祭から設計図まで自分が受け持っている。しかも保育所に自分が住職である長岳寺の土地まで提供した。

保育所が完成して県の児童課が監査に来た時に、一か所の保育所建設の申請で二か所の保育所が建設されたことが問題になった。変更申請をしなかった慈昭のミスであったが、県も初めての補助金事業であったこともあり大目に見たという。慈昭らしい確信犯的エピソードでもある。

長岳寺の駒場保育所は一九五一年に完成し、慈昭が保育所長になっている。三人の保母の一人は慈昭の妻(再婚)であり、ここでも必要ならば身銭を切ってまで取り組むという慈昭の熱意が感じられる。

同年九月には会地村社会福祉協議会が発足し、慈昭は書記に名前を連ねた。そして慈昭の手掛けた保育所は県の補助金事業で建設することの先例となり、下伊那郡内に「厚生事務研究会」が発足し、そこで慈昭は指導的役割を果たした。さらに長野県保育園連盟が発足し、下伊那郡でも八か所で下伊那郡保育連盟を結成して、慈昭が初代会長になった[15]。

また一九五一年一〇月に、慈昭は役場を離れ、町村会の推薦で下伊那郡伊賀良村(現飯田市)の児童養護施設「慈恵園」(下伊那郡社会福祉協議会が経営。現在は豊丘村に移転)の園長に就任する。慈恵園は戦災孤児の入居施設であった。ところが園長在任中に、園児が病気で失明してしまい、その園児が横浜の施設に移されるという悲しい別れを経験をする。慈昭は、「この事があってから私は病弱の子供を守るためにその園を去り、虚弱児収容の施設の建設にとりかかった[16]」という。そして一九五四年一二月、今度は虚弱児施設(現児童養護施設)として開園した長姫保養園に着任する。弱い立場にある子どもたちに対する慈昭の温かさが感じられる。

(3)郷土史研究と満州開拓

阿智史学会と『郷土史巡礼』

会地村は一九五六年に智里村、伍和村と合併して阿智村になる。阿智村の公民館主事であった岡庭一雄の提唱で一九六七年に「阿智史学会」が発足した。会長に水上信夫（阿智村公民館長）を選出し、総会当日に伊那史学会・考古学研究の大澤和夫の講演を聞いた。しかし、その後は活動がないまま、一九七二年に長岳寺を会場に新年総会を開く。そこで文化財の保存や学会の今後の運営について話し合い、水上信夫会長のほか副会長四人、幹事四人、そして機関誌主事として慈昭が選出された。幹事四人の中には岡庭一雄と原隆夫がいた。

慈昭は、この時『郷土史巡礼』という個人誌の創刊を思い立ち、印刷所を経営している幹事の原隆夫に印刷を依頼したが、原は水上会長と相談して阿智史学会の機関誌として創刊することにした[17]。

『郷土史巡礼』は「阿智村の郷土史研究機関誌」であり、「事務所は長岳寺内におき」「会員は村内の郷土史について自由に投稿でき」る、としているが、創刊号から一二号までの掲載原稿三二編のうち慈昭の原稿が三〇編であり、ほとんど慈昭が執筆していた。翌年度は三〇編のうち慈昭の原稿は一五編と会員の原稿が少しずつ増えていく。そして創刊当初から慈昭が編集していたが、第八六号（一九七九年）から原隆夫に編集が移り、事務局も一九八三年に長岳寺から役場に移っている。これは、慈昭が他の取り組み（中国残留孤児の肉親捜し）に忙しくなったからであった。

『郷土史巡礼』は一九七二年の創刊から二〇〇一年一二月発行の三三〇号をもって終刊となる。三〇〇号刊行時の会員は二六〇名。執筆者九一人中、原稿を一〇〇回以上執筆したのは、原隆夫（二〇八編）熊谷元一（一九六編）、そして慈昭（一三一編）であった。

『郷土史巡礼』に残したもの

慈昭は『郷土史巡礼』に対する思いを次のように述べている。

「この郷土史巡礼は、阿智村の歴史・伝説等を本誌に記録して残したいとお約束したわけであります（中略）私は、必ずしも裏付けがなくとも、先祖から言い伝えてきた、どんな小さなことでもよいから、書き綴って投稿していただきたいと思います。伝説ほど尊いものはない。伝説を軽んずるのでは真の郷土史は生まれない。郷土史巡礼は、誰が読んでも判りやすい、茶の間の読みものであってほしいと思います[18]」。

『郷土史巡礼』の編集を慈昭から引き継いだ原隆夫は、後に阿智村誌の編纂にもかかわっていくが、慈昭について「阿智村の歴史を独特な観点から執筆」していたと評しているが、慈昭の「独特な観点」とはユーモアを含んだ「判りやすい」表現であり、伝説の重視であった[19]。

慈昭が、『郷土史巡礼』に執筆した原稿は一三一編であるが、そのほとんどが阿智村の歴史・伝説に関するものである。とくに・満州開拓や戦争に関するもの（二七編）、戦後から現代（公民館や福祉を含む）に関するもの（一三編）、そして森田草平に関するもの（六編）がある。さらに満州開拓についてタイトルをあげると、「満州開拓と阿智郷・南信濃郷」（一九七二年）、「阿智村における日中友好運動史」（一九七二年）、「遺骨八九九柱送還にあたって　旧満州開拓民の悲話」（一九七三年）、「中国に生きていた阿智郷の人々」（一九七五年）、「私と満州雑話（1）〜（6）」（一九八一年）、「北哈嗎阿智郷開拓団略史」（一九八三年）、「故野中菊美さんの詳細が三十八年目に判る」（一九八四年）である。

「満州開拓と阿智郷・南信濃郷」の書き出しに、「この八月は、満州開拓史上忘れられない悲劇の月であり、阿智村として後世まで是非記録にとどめておきたいので、ここに記録することにしたい」とあった。

慈昭は一九四五年に開拓団の学校の教師として満州にわたり、わずか三か月で逃避行、二年間のシベリア抑留を経て四七年に帰国。この三年間の体験が慈昭のその後の人生に大きな意味を与えた。

（４）中国残留孤児の肉親捜し運動

日中国交正常化

旧満州から帰還した慈昭は引揚者の会で開拓犠牲者の遺骨収集と未帰還者救出の運動を始めようと考えていた。まず一九六二年に日中友好協会阿智支部（会長 小笠原正賢、事務局長 山本慈昭）を五四名で立ち上げ、戦時中に天龍村の平岡発電所において強制労働に従事させられた中国人の殉難者の調査と殉難者供養の碑の建立を計画した。

そして一九六四年に、慈昭は中国人殉難慰霊実行委員会を代表して日中友好協会の一行と訪中し、中国人殉難者の遺骨六二柱と位牌を周恩来首相に手渡し会談する。しかし慈昭が強く願う、中国に置き去りにされた日本人の遺骨収集の要望は叶わなかった。時の佐藤栄作内閣の対中国敵視政策が影響したのである。

帰国後、慈昭ら阿智村の日中友好協会が中心になって平岡ダム河畔に「在日中国人殉難烈士慰霊碑」を建立し、長岳寺境内に「日中友好不再戦の碑」を建立した[20]。慈昭の平和への思いを改めて形にしたのである。

その後、慈昭は中国の一人の日本人孤児の手紙を受け取り、中国に残された何千人、何万人という子どもたちがいることに思い至り、その子どもたちの肉親との再会を実現させようと考えた。そして阿智村から厚生省、外務省、法務省に何度も出かけ残留孤児の状況を訴えた。しかし、日中国交は断絶したままであり国は動かなかった。政府への訴えは八年間に七〇回を越えた。その資金は自分の老齢年金と、人から頼まれて書く「般若心経」の代金をあてたという[21]。慈昭は国を動かすことをあきらめなかった。

状況が変わるのは、一九七一年。アメリカのニクソン大統領が二月に訪中すると、九月に田中角栄首相が訪中し、日中共同声明に調印して国交正常化が果たされた。

日中友好手をつなぐ会

慈昭は一九七二年に全国の支持者と共に「日中友好手をつなぐ会」を立ち上げた。ここから本格的な中国残留孤児の肉親捜しを展開する。事務局を長岳寺においた。そして七年間で一七七組の再会が果たされた。中国残留孤児からの手紙は二万通を越えた。

さらに日中友好手をつなぐ会は、一九八〇年、中国残留孤児への慰問のために慈昭を団長に二六名が中国を訪問した。二二五名の孤児名簿を頼りに一二日間の肉親捜しの記録はＮＨＫ特集「再会―三五年目の大陸行―」(22)というドキュメンタリー番組で放送された。この時、慈昭は八〇歳であった。さらに第二次訪中団は一九八二年。ただし訪中の費用はすべて会費と自費であり政府からの支援はなかった。中国に残された孤児たちの前で慈昭は団長としてこう語りかけた。「私は今日までがんばってきました。けれども、今日に至るも、皆さんの親を探すことができなかった（中略）本当に申しわけない（中略）私はまだ八〇歳。これから九〇歳、一〇〇歳までも長生きして、そうして必ず必ず、みんなの親をさがし出し、最後のひとりの肉親をさがし出すまでがんばることを誓います」と慈昭は政府に変わって彼らに頭を下げたのである(23)。

この取り組みに対する大きな反響にようやく国も動き出し、中国残留孤児訪日調査が本格的に開始された。そして肉親捜しの孤児が来日し、日本への里帰りや永住帰国者が増えていく。

帰国者支援センター

慈昭はいち早く帰国者のために支援センターを長岳寺の空き地に建てた。「長野中国帰国者支援センター広拯会館」はプレハブ二階建てで五家族が入居でき、一階には教室、食堂、調理室、風呂、洗濯場、トイレ、二階には五人で五家族が入居できる部屋と会議室、管理室が設備された。そこで日本語を学んだり料理教室が開かれる。支援センターの発想は慈昭が保育所や母子寮、公民館を作った経験からきていると考えられる。これは慈昭の国に先駆けた民間の支援センターのモデルであった。

この支援センターで二〇〇九年までの二六年間に五五四人の帰国者が四か月の教育を受けて卒業し、それぞれに旅立って行った[24]。

注目すべきことは慈昭がめざした肉親捜しの運動は家族との再会であり帰国運動ではなかった。それは孤児たちの中国の養親や家族との関係が尊重されるべきと考えたからである。しかしここにこの運動の難しさがあった。ところが慈昭は持病を悪化させ、残念ながら一九九〇年に亡くなってしまう。享年八九歳。葬儀は阿智村中央公民館で行われ、葬儀には帰国孤児たちが全国から参加した。

（5）慈昭から引き継ぐ社会運動と社会教育

「山本慈昭記念館」から「満蒙開拓平和記念館」へ

慈昭亡き後、日中友好手をつなぐ会は一九九二年に長岳寺の広拯会館の前に一〇坪余の山本慈昭記念館を建てた。多くの見学者が訪れたが場所は狭かった。そこで新しく建設を検討していたところ「飯田日中友好協会の呼びかけもあり、全国的な大きな満蒙平和記念館を建て、その中に慈昭記念館を入れていくことになり」、敷地面積一四五五㎡（四四〇坪）が、村から無償で借りられた。「県も来年度予算に建設費用を組み込むことになった。そして県庁で帰国者の体験発表、地元阿智村で学習会なども開かれた。さらに郡の町村会、広域団体をはじめ村内でも大きな協力組織が立ち上がり協力」してくれることになった、と野中章（日中友好手をつなぐ会）は慈昭記念館が満蒙開拓平和記念館事業に統合されたいきさつを語っている。[25] 野中は慈昭の遺志を継ぐかつての教え子であり阿智郷開拓団の生存者であった。

こうして、二〇一三年に「満蒙開拓平和記念館」が開館し、同記念館に「望郷　山本慈昭と残留孤児」のコーナーがつくられた。

満蒙開拓平和記念館を阿智村へと、その事業を支援してきた林茂伸（元阿智村協働活動推進課長）は満蒙開拓平和記念館の存在意義を次のように述べている。

「国の間違った政策に巻き込まれると、何が起きるのかを学ぶことは大事だと思います。（阿智村から）満州に一〇〇〇人行って半分が帰って来ることができませんでした。なんでそんなに死んだのか、それを考えるだけでいい。いまでも『満州』という国策を形を変えて引きずっているのかもしれないのです。権力の一角にいる自分ならその時どうしたか想像をめぐらし、その政策に向き合ってみる事です。（中略）住民に責任を持って政策に向き合い、命と暮らしを守る職員、という職員本来の役割を学べる点で本館は貴重です」と、戦争をさせないためには行政職員の意識こそ重要であり満蒙開拓について学ぶ必要があることを訴えている。[26] 林は現在、記念館のガイドボランティアとして平和教育の一翼を担っている。

慈昭が命をかけて伝えたかった満蒙開拓の真実を記念館を通じて後世に伝えていくことは私たちの責任である。

阿智史学会から阿智学会へ

慈昭が始めた『郷土史巡礼』（阿智史学会）は二〇〇一年に終刊を迎えたが、およそ一〇年後の二〇一〇年九月に村民の有志が集まって「阿智学会」を立ち上げた。

阿智史学会のメンバーでもあった下原恒男が阿智学会の会長になった。下原は、「阿智学」とは、「地域の歴史・自然・文化・経済・政治その他全ての分野にわたり、かってあった姿・これからの姿・こうなってほしい姿などを、科学的に明らかにしていく方法・結果・成果の蓄積」であり、「阿智を領域とする自然科学と社会・人文科学の連携した「地域総合科学」である」と述べている。さらに、「かつて、山本慈昭氏が『村内の歴史・伝説等を記録して残したい』と、阿智史学会を起こされ、（中略）（『郷土史巡礼』は）三〇年間三三〇号まで発行し、惜しまれて終刊となりました、（中略）これら先達の偉業に並ぶことはできないにしても、それらに負けない自負と信念だけでも持って、『あちジャーナル』を発信し続けたいと願っています」と機関誌『あちジャーナル』（二〇一一年五月刊行）が内容も方法も『郷土史巡礼』の継承であることを述べている[27]。現在、阿智学会は役場の協働活動推進課に事務局を置いている。

記録すること、伝えていくことが、地域の文化を豊かにしていくことであり、慈昭のめざした「真の郷土史」に近づくものである。

「一隅を照らす」慈昭の運動から全村博物館構想へ

「一隅を照らす」慈昭の運動は、家族から引き離され置き去りにされた子どもたちや忘れ去られようとしている郷土の歴史や文化に光を当てようとした学習運動であり社会運動であった。

阿智史学会を支えた公民館職員の岡庭は、一九九八年に村長に就任し四期一六年間務める。岡庭村長は第五次総合計画（二〇〇九年）で村づくりの基本に「全村博物館構想」を据えた。村づくりの目標は「一人ひとりの人生の質を高められる持続可能な村づくり」をすすめることとした。全村博物館構想の理念は、自分や自分の住む地域の価値を他者との交流によって自覚し、さらにそれを高めていくことにより主体的に生きる力を高めていこうとするものであった(28)。

このような岡庭の全村博物館構想には慈昭の「一隅を照らす」運動のつながりを感じる。住民一人ひとりの人生の質を高められる村になるためには住民の主体的な運動を支援する行政の枠組みや制度が必要になってくる。それが協働活動推進課や村づくり委員会であった。

自治力を高めていく阿智村の取り組みは、私が所属する社会教育・生涯学習研究所がまとめた『自治が育つ学びと協働　南信州・阿智村』（二〇一八年）を参照してほしい。

全村博物館構想は住民が地域をつくる主体になることであり行政が主体ではない。ここに行政側にいた岡庭（村長）や林（協働活動推進課長）はジレンマを抱えていたかもしれない。すなわち行政主導では全村博物館構想はすすまないが、しかし行政の役割は重要である。二〇一四（平二六）年に岡庭村長が退任し、林は翌年早期退職する。そして二人は現在それぞれに一村民として住民主体の村づくりに向き合っている。

林は阿智学会の二代目の会長を引き受け『あちジャーナル』の編集に携わりながら、子どもの貧困問題にも取り組んでいる。そして新たに住民が主体となる全村博物館構想をすすめる拠点をつくるために、若い人たちと一緒に、二〇二二年七月に「一般社会法人阿智村全村博物館協会」を立ち上げた(29)。

このように慈昭の社会運動と社会教育活動は全村博物館構想と連関し、今現在の阿智村の「住民主体の村づくり」運動へと継承され、内発的発展をめざして大きく動き始めたとみることができるであろう。

慈昭の社会運動に学ぶのは、大事なことは一人でも始めること。決してあきらめずしかも楽観的に。さらに仲間をふやすこと。行政をまきこむこと。そして、書くこと。これは現代の社会教育職員に必要な力量ではないだろうか。

注

（１）和田登著『望郷の鐘―中国残留孤児の父・山本慈昭―』しなのき書房、二〇一三年。
（２）中西直樹「汎太平洋仏教青年大会 ― その光と影 ―」中外日報、二〇二〇年三月一二日。https://www.chugainippoh.co.jp/article/ron-kikou/ron/20200306-001.html
（３）前掲（１）。
（４）山本慈昭「わたしの終戦遭難記」ＮＨＫ長野放送局編『満蒙開拓の手記―長野県人の記録―』日本放送出版協会、一九七九年。
（５）『満蒙開拓平和記念館（図録）』満蒙開拓平和記念館、二〇一五年。
（６）山本慈昭編著『戦争は未だ終わらない』日中友好手をつなぐ会、一九七八年。
（７）原二三「旧阿智公民館の建設・昭和二四年」阿智学会編『あちジャーナル』第一五号、二〇一九年。
（８）山本慈昭「会地公民館の記録（２）」阿智史学会『郷土史巡礼』第三五号、一九七四年。
（９）前掲（７）。
（10）館報『おおちむら』第一五号（一九五〇年七月一日）には、「山本氏等の寄贈に感謝公民館の備品着々揃う」の記事がある。
（11）『下伊那公民館活動史』下伊那公民館活動史刊行委員会、一九七四年。
（12）会地村に生まれた写真家、童画家。一九五五年に写真集『一年生　ある小学教師の記録』（岩波書店）で第一回毎日写真賞を受賞。農村婦人の実態調査記録『村の婦人生活』（新評論版、一九五六年）は熊谷元一の公民館活動から生まれている。
（13）熊谷元一『ふるさとの昭和史―暮らしの変容―』岩波書店、一九八九年。
（14）山本慈昭「会地公民館の記録（４）」阿智史学会『郷土史巡礼』第三七号、一九七五年。
（15）山本慈昭「阿智村児童福祉小史」阿智史学会編『郷土史巡礼』第二四号、一九七三年。
（16）山本慈昭「盲目になった利江ちゃん」『抱腹絶笑』ほおずき書籍、一九八三年。
（17）原隆夫『愛郷探史録』阿智史学会、二〇〇三年。
（18）山本慈昭「八十五号発刊にあたって」阿智史学会編『郷土史巡礼』第八五号、一九七九年。
（19）慈昭は前掲書『抱腹絶笑』のあとがきに「この一編々々は、私の生涯の中のひとこまかも知れません。こんな馬鹿化たこと笑いながら読んで頂くのも、心の疲れを休めて頂ける方法かも知れません。（中略）読者の皆さんが、笑って笑って、へそが茶をわかしてくれたら、今度は泣いて泣いて、お茶を飲みながら、また笑って頂ければ、私の本懐であります」と書いている。

（20）山本慈昭「阿智村における日中友好運動史」阿智史学会編『郷土史巡礼』第一一号、一九七二年。

（21）原安治『還らざる夏―二つの村の戦争と戦後　信州阿智村・平塚―』幻戯書房、二〇一五年。

（22）山本慈昭・原安治著『再会―中国残留孤児の歳月―』日本放送出版協会、一九八一年。ＮＨＫ放送は一九八〇年一一月二日。

（23）同前。

（24）野中章「日中友好に一生を捧げた山本慈昭翁」阿智学会編『あちジャーナル』第三号、二〇一二年。

（25）同前。

（26）林茂伸「全国一の開拓民を送り出した長野県　満蒙開拓平和記念館―戦争と自治体―」『住民と自治』自治体研究社、二〇一八年八月号。

（27）下原恒男「『あちジャーナル』発刊にあたって」阿智学会編『あちジャーナル』創刊号、二〇一一年。

（28）岡庭一雄「全村博物館構想と地域再生　長野県阿智村」神戸大学大学院人文学研究科地域連携センター年報『ＬＩＮＫ【地域・大学・文化】』Vol. 二、神戸大学大学院人文学研究科地域連携センター、二〇一〇年。

（29）全村博物館構想企画委員会『「協会を中心とする全村博構想」の実現と発展に向けた提言』二〇二一年。

（細山　俊男）

3　機関誌『女性教養』に見る女性の学び

本節では、高度経済成長期における女性を取り巻く状況の変化をおさえながら、社会教育団体の一つである大日本女子社会教育会を取り上げる。特にその機関誌『女性教養』に焦点を当てて、高度経済成長の中で女性に求められた「教養」とは何かを検討することを目的とする。

高度経済成長期における女性を取り巻く状況

『女性教養』を検討する前に、高度経済成長期における女性を取り巻く状況を見ていきたい。経済が発展していく中で、多くの家庭が子どもを進学させる余裕をもつようになり、高校進学率は一九五〇年には四二・五％であったが、一九七四年には九〇・八％まで上昇した。女子の高校進学率を見ると、一九五五年は四七・四％で、一九六五年には六九・六％に伸びた。男子の高校進学率と比べると、一九五五年には約八％下回っていたが、一九六九年には男子を上回った。加えて、女性の大学・短大進学率も上昇し続けた。一九六〇年には五・五％に過ぎなかったが、一九七〇年には一七・七％に大幅に上昇した。しかし、その内訳をみると、短大進学率は一一・二％で、四年制大学進学率は六・五％となっており、男性の四年制進学率が二七・三％に達しているのに比べて低く、大学生に占める女性の割合は二割程度にとどまっていた。(1)

また、高度経済成長に伴い、労働力需要の拡大や家電製品の普及による家事労働時間の減少などを背景として、女性の社会進出が増えていった。しかし、多くの企業では男性を終身雇用、年功序列制といった日本型雇用慣行により正社員として主要な業務に従事させる一方で、女性を補助的業務や非正規雇用の形態で雇用するのが一般的であった。女性は低賃金のパートタイムとして雇用される一方、女性の正社員に対しては、若年定年制、結婚退職制・妊娠退職制など、女性の早期退職を促す雇用制度がとられていた。女性は就業していても、出産・育児のために一時的に労働市場から退出し、その後パートなどの家計補助的な働き方で再び労働市場に復帰するという「M字カーブ」と呼ばれる現象が、高度経済成長期に形成された(2)。

「男性は仕事、女性は家事育児」という性別役割分担は一般の家庭に広く普及していった。一九七二年、当時の総理府によって一八歳以上の女性二万人を対象とした「婦人に関する世論調査(3)」が実施された。その中で、夫婦の役割分担について「夫は外で働き、妻は家庭をまもる」という考え方に対する賛成率は「賛成」四八・八%と「どちらかといえば賛成」三四・四%で、合わせて八割以上を占め、「反対」「どちらかといえば反対」という回答は合計で一〇・二%しかなかった。性別役割分担が広く受け入れられていたことがわかる。

こうした中で、成人には「男性はサラリーマン、女性は主婦」という生き方モデルが浮上したとともに、子どもたちにも、この性役割観と性役割能力をもつ「男の子」と「女の子」として育て上げようとした教育政策が見られた。一九五八年中学校学習指導要領改訂（一九六一年施行）では、従来の「職業・家庭科」の代わりに「技術・家庭科」が新設され、その学習内容は性別によって分けられていた。また、一九七〇年の高校学習指導要領改訂（一九七三年施行）は、「家庭一般」四単位を女子のみ必修とし、それに対応する教科としての男子の「体育」を定めた。こうして学校教育の領域では、性別役割分業意識を若い世代にも浸透させようとする方針が示されている。

一方で、社会教育の領域においても、成人女性向けの取り組みが展開されていった。特に、文部省は女性の母親役割に重点をおく家庭教育振興に力を注いでいた。一九六〇年に家庭教育団体への補助をはじめ、翌年に文部省社会教育局に婦人教育課の設立によって、家庭教育振興を進める体制が急速に整えられていった。[4] その後、一九六二年に社会教育審議会に家庭教育専門研究会を設置し、『家庭教育資料』の作成と刊行を行っていた。さらに、一九六四年に市町村レベルにおける家庭教育学級開設への財政補助など、家庭教育振興政策は一層強化された。一九六〇年代における家庭教育学級に関する政策と内容を検討した相庭和彦は、ジェンダーバイアスにもとづいた家庭教育を「健全に」存続させていくことこそが、経済成長を成功させる鍵であると指摘している。[5]

文部省の家庭教育振興政策の下で、婦人会など多くの社会教育団体は具体的な活動を展開していくことになった。本稿では、これまであまり注目されてこなかった財団法人大日本女子社会教育会を取り上げ、同会の機関誌『女性教養』に焦点を当てて、同会がどのような家庭教育振興活動を展開していったのかを明らかにする。

財団法人大日本女子社会教育会の創設

大日本女子社会教育会は、一九四一年に「財団法人日本女子会館」として設立され、その後「大日本女子社会教育会」（一九四五年）、「日本女子社会教育会」（一九七二年）、「日本女性学習財団」（二〇〇二年）という名称に変更され、現在に至る。以下では、当財団が発行した四〇周年記念の『四十年のあゆみ』、五〇周年記念の『五〇年のあゆみ』、七〇周年記念の『七〇年のあゆみ』を参照しながら、大日本女子社会教育会の創設経緯を見ていく。[6]

一九四一年財団法人日本女子会館が発足当初、設立趣意書には「今や我が国は曠古の一大難局に際会し国民総力を挙げて之が突破に邁進を続くるのとき、其の一半を占むる女子の使命も亦決して軽しとせず相携えて銃後奉公に挺身奮闘すべき時に（中略）、財団法人日本女子会館を設立し、（中略）益々銃後女性の使命達成に邁進して以て興亜聖業の完遂に協戮せんことを期する」[7] とあるように、戦時下銃後から戦争を支える女性を育成するための施設として発足したことが分かる。また、「寄付行為」に規定された目的は「我が国女子社会教育ノ中心施設トシテ婦徳ノ涵養ヲ図ルト共ニ女性ノ福祉増進ニ資スル」とされている。[8] その後、戦争の激化に伴い、一九四五年二月に財団法人社会教育会を吸収合併し、大日本女子社会教育会と改称された。「寄付行為」の目的も「我が国女子社会教育並に家庭教育の振興を図ると共に、関係諸団体との聯絡提携に依り斯教育の進展に寄与する」と改正され、「文部省当局の指導を仰ぎ、日本女性の錬成に一段の努力を払い、女性報国の使命を全う」することが改正の主旨にあった。[9]

この目的は、一九七四年までの二九年間に見直されることはなかった。一九七二年に財団の名称の中の「大」をとり「日本女子社会教育会」と変更し、二年後に「寄付行為」の全面改定が行われた。そこで、目的をこれまでの「女子社会教育並に家庭教育の振興」から「婦人教育及び家庭教育の振興」に変更した。『七〇年のあゆみ』の中で、一九七二年の名称変更については、「今日の歴史の総括からすれば内部の議論が十分とは見えないが、財団にかかわる人々なりの戦前との決別を意味したことはいうまでもない」と述べられている。[10] 敗戦後、多くの社会教育団体は解散もしくは再編成され、少なくとも名称を変更して戦前戦中とは決別した中で、当財団の名称変更がかなり遅れている。[11] 戦時中の設立から高度経済成長期末にわたって、名称に「大日本」がついたままで、事業の目的は「女子社会教育並びに家庭教育の振興」を続けていたのである。名称及び目的にある「女子社会教育」の意味については、『七〇年のあゆみ』の中では、その対象は青年女性と成人女性を含んでいるため、「女子青年教育」と「女子成人教育」を総称する語としてとらえている。[12]

こうした財団法人大日本女子社会教育会は、女性を対象とするさまざまな教育活動を行ってきた。中でも機関誌『女性教養』の発行が注目される。『女性教養』は、一九五二年一一月に発刊され、高度経済成長期を経て、二〇〇二年より『We Learn』へと改称され、現在まで刊行し続けている。高度経済成長期における女性向けの社会教育のあり方を検討するため、参考になる資料である。しかし、この雑誌に関する先行研究は、財団が発行した財団史たる『あゆみ』の中の解説以外、ほとんど見当たらない。『七〇年のあゆみ』の中でも指摘されたように、社会教育、婦人教育、女性史などの分野の先行研究をみると、この財団の存在と活動に関する記述がほとんどされていない(13)。財団の機関誌である『女性教養』も研究の対象として扱われてこなかった。本稿では、『女性教養』(主に創刊号から一九七三年までの間に発行されたもの)を中心に、当財団が発行した財団史たる『あゆみ』をも視野に入れて、高度経済成長期における女性に向けた社会教育とはどのようなものであったかを検討していく。

『女性教養』の創刊と編集方針

まず、『女性教養』の創刊の主旨を見てみよう。一九五二年の創刊号の「巻頭言」において、会長の井上秀は次のように述べている(14)。

講和の発効によって、わたくしたち女性はいちだんと教養を正しく高く豊かにして、眼界を広くしなければと切実に思うのです。そして皆さんにそうあることをうながし、また注意することが、わたくしたち社会教育にたずさわるものの努めかと思います。考えますに、しばしばなげかれております女性の力無さ地位の低さも、結局、これまでの女性の教養の貧しさと狭さからだったのです。人格というものは教養と共にあるもので、教養が低ければ高い人格もなく、また婦人の自立もないのです。このことを強く思いまして、教養を高め、立派な人格を築くことに真剣になりましょう。それが、今日の女性にとっての一番根本的な問題だと信じますので、本会も、皆さんと共に手をたずさえて、婦人たちの教養を高めるためにいささかでも役立ちたいという主旨の下に本誌はここに新しい出発の歩みを始めることにいたしました。

「女性の教養の貧しさと狭さ」は、「女性の力無さと地位の低さ」をもたらす原因だとした上で、女性の教養を高めることで、立派な人格を築き、自立を実現することが、一番根本的な問題だと指摘している。さらに、社会教育にたずさわる団体として、女性たちの教養を高める役割を担っているとし、『女性教養』を創刊することに至ったという。

編集方針については、一九九四年六月に発行された第五〇〇号では、編集発行人が変わるたびに、雑誌の編集方針も変わったと説明されている(15)。そこで、創刊号から一九六五年一月号は第一期として、戦後女性が参政権をはじめとする諸権利を行使するために、女性の意識変革や実力の向上が必要不可欠であることから、女性に対する社会教育の振興が緊急かつ重要課題とされた。その課題に対応できるように、女性の意識変革をめざして、教養を高める諸般にわたる情報を提供することが編集の方針であった。女性の生活の基盤はあくまでも家庭であるとされ、家庭と社会、家庭教育と社会教育の結びつきに重点が置かれたという。財団の『七〇年のあゆみ』の中で、「女子社会教育」の意味について解説した村田晶子は、この第一期を「意識変革」というより、封建遺制から脱却するための「女性の教養向上のための啓蒙」の時期だととらえている(16)。

また、一九六五年二月号から一九七七年三月号までは第二期とし、女性が自らの教養を高め、自らの実力を高める「教養路線」を踏襲しながら、家庭生活の合理化と家庭教育の振興に重点が置かれたとしている。高度経済成長にともなった急激な社会変動によって生じたさまざまな生活課題に留意して編集しているという。

このように、女性の教養を高めることを目的として創刊された『女性教養』は、編集方針が次第に家庭生活の合理化や家庭教育の振興に重点を置くようになっていった。以下では、こうした編集方針の変更に留意しながら、誌上で家庭教育振興関連記事はいかに展開されていたかを見ていく。

『女性教養』にみる家庭教育関連活動と雑誌の役割

まず、『女性教養』の体裁とタイトルの変化を見てみよう。財団の『七〇年のあゆみ』によると、大日本女子社会教育会は、一九六〇年代以降文部省との関係の中で、家庭教育関連の事業に力点を置いた(17)。具体的には、一九六一年度から一九六九年度まで文部省補助を受けて「家庭教育研究集会」を実施した。また、一九六〇年度文部省補助事業として家庭教育振興資料「新しい家庭教育」を作成し無償配布したほか、「家庭教育シリーズ」（全二八冊）を作成し、家庭教育学級の教材として提供していた。

『女性教養』は、これらの研究集会の概要報告を掲載したり、刊行資料の宣伝をしたりしてきた。一九六五年六月に、誌名に「家庭と教育」というサブタイトルが入れられ、同年一〇月に、これまでの菊判・四八頁から菊判・六四頁に増やし、家庭教育に関する内容のより一層の充実が図られた。ところが一九六八年九月に、菊判・六四頁からB５判・八頁に縮小した。その理由については「最近、婦人の学習活動の普及とともに、本誌をテキストに使用される向きが多くなったが、各方面から、学習用教材としての一層適切な資料がつよく要望されますので、このたび『家庭教育シリーズ』の刊行を企画し、同時に『女性教養』は形態を変更して発行することになりました(18)」とあるように、「家庭教育シリーズ」の発行にともない、雑誌が縮小されたことがわかる。

『女性教養』は、このような副題の追加や体裁の変更を経ながらも、誌上では、家庭や家庭教育をめぐる内容が多く掲載されていた。例えば、論説・特集として、座談会「主婦の家庭生活と職業について」（一九六四年五月号）、座談会「わが家の家庭教育」（一九六六年一月号）、「かぎっ子問題」をめぐる特集号（一九六六年一〇月号）、「学校教育の反省と家庭教育」（一九六七年六月号）、「家庭教育と父親の役割」（一九六八年六月号）など、高度経済成長期という時代背景が反映するテーマが見られる。

また、一九六五年五月から一九六八年五月まで「子どもの健康、しつけ、学習」についてそれぞれの専門家の方に、読者の質問に答えて」もらうための「相談室（母の問題・子の問題）」欄が設けられた。[19]ほぼ毎号で読者からの質問と専門家の回答が掲載されていた。さらに、誌上では、一九六六年の女性教養大学家庭教育講座の報告と概要や、全国各地で実施された婦人学級や家庭教育学級の様子などが紹介されていた。[20]他に、毎号のように、社会教育・家庭教育映画の紹介が載せられていた。

さらに、『女性教養』の読者会に関する動きも掲載されていた。一九六七年五月号では、「五月号を主題として、読者による合評会」を開くという案内が載せられている。[21]同年の七月号に、「合評会とはいえ、サロン的性格をもった集まりにしたいという希望が出されただけに、二宮徳馬先生をかこんで話題はつぎつぎに展開、なごやかさのうちにも意見対立して大討論になったり、わずか二時間の集会でしたが旧知の親しみをもって次回を約して別れました[22]」と開催の報告が掲載されている。こうした読者会は、一九六九年七月から「家庭教育懇談会」に、一九七一年九月から「家庭教育研究懇談会」と改称され、年に約一〇回の頻度で実施されていた。『女性教養』だけではなく、財団が発行した家庭教育振興資料「家庭教育シリーズ」などをテキストとして、執筆者を中心に話し合う形で、「何か問題の結論を出そうなどと考えたことは一度もなく、ただ自由に話し合うことによって、おたがいが何かを得ようというのが目的でした」と報告されている。[23]テーマは家庭教育や家族関係がメインであったが、中に「現代の生活と消費」（一九六九年一〇月）、「公害と私たちの生活」（一九七一年一一月）、「婦人の社会参加」（一九七三年二月）といった社会問題に関わるテーマも見られる。懇談会で話し合った内容は『女性教養』に掲載されていた。一九六八年九月以降『女性教養』が八頁に縮小された時期においても、家庭教育に関してはこの事業報告は大きな比重を占めていた(24)。

次は、読者の投稿から、『女性教養』が果たした役割について見ていきたい。

ある読者が次のように読者会に意見を寄せている。「読者会の記事を拝見して、いつも参加できないことを残念に思っています。テーマの予告を見て、お話し合いはどのように展開していくのかしら、と期待を持って誌上発表を待っています。（中略）遠くの読者のために、ぜひ誌上発表を続けてください(25)」。また、地方在住の読者から、「地方にすむ一主婦の身では、とうてい大会参加はのぞめませんので、誌上に発表していただいたことを感謝しております。諸先生のお説をかみしめながら、家庭教育に対する自分なりの自信がわいてきたような感じがいたしました(26)」との投書が掲載されている。ここで、『女性教養』は、遠方に住んでいるなどの理由で読者会や研究大会に参加できない読者を含む広範な読者層に向けて、会の実施報告や概要を掲載することで、情報や知識の共有の場を提供していることがわかる。

また、「昨年十月号からの読者ですが、「女性教養」により家庭教育に対する関心をよびさまされ、ちかごろは家庭教育学級にもすすんで出席をするようになりました。感謝しております(27)」とあるように、ここで『女性教養』は、読者の家庭教育への関心を喚起し、対面の教育活動への積極的な参加を促進したことが示されている。

一方で、農村に住んでいる読者から、「私の住んでいる農村の現状は多角経営になり、一年を通じて忙しい生活を送るのが実情で、なかなか教養とか、家庭教育の面まで考える心のゆとりをもつ女性が乏しくなりました。PTAや婦人会などの会合に出席のたび、農村部の女性の知識向上の必要性をつくづく考えさせられます。一日一日と進歩していく社会から離されていくことは、ほんとうに淋しいことです。農村における家庭教育の問題も取り上げていただきたいのです(28)」との投稿があるように、農村部の女性が自己の教養を高めたい意欲が伝わる一方、『女性教養』に農村における家庭教育の問題に関しての言及が不十分であると指摘されている。

このように、『女性教養』は機関誌として、大日本女子社会教育会が実施した家庭教育関連の事業報告を掲載する役割を担いながら、家庭教育に関する情報や知識を広めていた。読者会などを通じて読者との交流をはかり、さらに会の内容を誌上に載せることで、参加できない読者を含む広範な読者層に情報や知識を共有する場を提供した。一方で、農村部の読者の家庭教育に関する問題にも応える取り組みが求められた。

「主婦の生活きろく」から見る女性の葛藤

一九六四年から一九六六年にかけて、誌上では、「主婦の生活きろく」欄を設けており、多様な女性の日常生活の記録を掲載していた。例えば、農村や自営業に従事する主婦、団地生活をしている専業主婦、職業をもつ共働きの女性など、さまざまな既婚女性の生活記録が見られる。ここでは、この生活記録から、これらの女性たちが家族の役割や働くことなどについてどのように考えているかを見ていく。

まず、職業をもつ共働きの女性の生活記録を見ると、仕事と家庭の両立が常に課題として挙げられていた。例えば、子ども二人をもちながら、工場で勤務している女性は、「何とか来年は家で仕事をしなければならないと心に決めた。私は落伍者なんだろうか？夕食後は子どもとゆっくり遊んでやりたいと思いながら、家事の仕事があまりにも多すぎるので、つい『一つだけ本を読んでやるから早くねんねしてね』といってしまう。（中略）ほんとうに気の毒でしょうがいない」(29)と述べている。彼女は仕事と家事とが忙しいため、子どもに割ける時間が少ないことに悩んだ結果、つい工場の仕事をやめて子育てに専念することに決めた。

また、子ども二人を保育園に預けて、警視庁巡査として働いている女性警察官は、主人が家事育児に協力してくれたおかげで、仕事を続けているが、自分が妻・母親としての役割を果たしているかを不安に思っている。「毎日の生活も、母親として、私は本当に適切な指導を子どもたち、にしているだろうか。また主人にも、もっとよい妻になるための方法があるのでは…。夜分眼が覚めた時私は一生懸命考えてみる。そんな時、今の仕合わせを噛みしめながらも、そんなあせりと悔恨と不安が、心の奥底でしつように私に問いかける。（中略）私はもっとよい妻に、母親になるために、もっともっと努力しなければ、と思う」[30]。彼女は、主人の理解と協力で仕事を辞めることに至らなかったが、本来果たすべきだと思う妻・母親としての役割を果たしていないことへの悔恨と不安が常につきまとうことが見受けられる。

次に、「サラリーマンの主婦」との違いを意識しながら、自営業の主婦としての生活を振り返る女性たちや、農業の忙しさに圧倒され家事育児に専念できないという女性が見られる。

ケーキ店を営んでいる女性は、「サラリーマンの主婦と異なり、毎日が目のまわるような明け暮れであると、忙しい生活が当たり前というか、マンネリ化してしまって、自分自身を空しく感じることが間々あるが、そんなとき、配達を頼まれて車に乗ると私の活躍する分野がここにあったことが再認識され、商売に対する情熱がかき立てられてくる」[31]と記している。彼女は、「サラリーマンの主婦」という生き方と比較しながら、自身のケーキ店経営において、忙しい生活とマンネリ感に苦しむこともあるが、その一方で自身の仕事に対する情熱を再確認できたことが分かる。

また、「西陣の織家の主婦」と称する女性が次のように述べている。「西陣を知らなかった結婚する前の私は、サラリーマンの家庭と同じように、主人だけが仕事に従事すれば、主婦は自分のペースで家事を進ませ、午前の仕事、午後の仕事と上手に分け、読書の時間、友人との会合、趣味の時間とかと、若やいだ日々があるものと信じておりましたが、さてこの社会に入ってみますと、西陣にはその様なゆっくりした時間を持っている主婦はほとんどありません。（中略）主婦は、製品の整理、電話の応待、工場の仕掛品の指図、原料の出し入れ、外注品の出し入れと、こまごました小さな用事が一日中を埋め尽くしております。（中略）主婦の後からの支えが大きな役割を占めているわけです。それだけに、自分の時間のない生活に唯々びっくりしている現状です(32)」。彼女が織家の主婦になってはじめて、結婚する前に思っていた「主人は外の仕事、主婦は家庭の仕事」というサラリーマン家庭の主婦像との違いに気づいた。織家の主婦としての役割は家庭内の仕事だけではなく、主人の仕事を支えるのも必要であるため、自分の時間を持つ余裕がないことに驚いていることが読み取れる。

また、農業に従事している主婦は、「こうして冬は農閑期だとはいいながらも次から次と仕事が待っている、いつの日に家庭の中の仕事、育児などに専念出来ることがくるのでしょう(33)」と書いているように、農村の多忙の生活の中で、家事育児に専念できないことへの嘆きが見て取れる。

以上の例から、いずれの女性にも、家事・子育ては妻・母親の手でやるべきことであるという考え方が共通していることが分かる。共働きの女性たちは、働きながらも、家事育児を妻・母親としての役割と考え、仕事と家庭の両立をはかっていた。しかし、両立が難しいと分かった場合、子育てや家庭を優先し仕事を辞めたり、主人が家事育児に協力してくれたおかげで仕事を続けられたことに対する悔恨と不安を感じたりしている。また、自営業の主婦たちは、「サラリーマンの主婦」と比較しながら、自らの生活を見つめている。自営業に従事しているため、職場での仕事と家庭内での仕事とははっきりと分けられない。そこで、家庭内の仕事のみに専念でき、より自由に時間を使える「サラリーマンの主婦」への憧れが伝えられている。また、農業に従事する女性は、農業の忙しさに家事育児という家庭の中の仕事に専念できる日を願っている。こうして、程度の差はあるものの、家事育児に専念できる専業主婦という生き方は理想として語られており、「男は仕事、女は家庭」という性別役割分業の通念を内面化していることが読み取れる。しかし一方で、専業主婦になりたいものの、なかなか実現できないという葛藤が存在することは、現実との乖離を示している。

高度経済成長下に女性に求められた教養

高度経済成長は、女性の進学率や就業率の増加をもたらした。しかし一方で、「男は仕事、女は家庭」という性別役割分業は、一般の人の中に広く普及していった。その裏には、学校教育において、性別役割分業意識を教育内容に取り入れることで、子どもたちに浸透させようとした。一方、社会教育では主に成人女性を対象とした婦人教育政策の整備、中でも家庭教育振興政策に重点が置かれ、女性の母親役割が強調された。そこで、婦人団体をはじめとする社会教育団体が、この家庭教育振興政策に則り、具体的な学習活動の展開を担っていた。

本稿では、財団法人大日本女子社会教育会を取り上げ、機関誌『女性教養』を中心に同会が実施してきた家庭教育関連活動を検討してきた。同会は、文部省の補助金を受けながら、家庭教育に関する研究会の開催、家庭教育振興資料の作成と刊行などを実施した。一方で、機関紙『女性教養』を発行し、さらに同誌の読者を組織し、読者による雑誌の合評会から家庭教育研究懇談会へと発展させていった。『女性教養』は、家庭教育に関する内容に重点を移しつつ、これらの研究会や懇親会の実施報告を掲載する役割を果たしていた。それによって、研究会や懇談会に参加できない人にも情報や知識を提供できた。一方で、誌上に載せられた読者の投稿や生活記録の検討を通して、女性たちは、「男は仕事、女は家庭」という性別規範の内面化が見られたものの、現実には「家庭」に専念できないという矛盾の中にいることもわかった。総じて見ると、『女性教養』における「教養」は、一般的な意味での教養とは異なり、「家庭」の領域に限定して用いられていた。女性の教養は、家庭教育と結びつけられ、とりわけ母親としての役割が強調されていた。多くの女性読者はこれを受け入れつつ、自らの教養を高めようとして、雑誌を通じて学びを図っていたのであった。

注

（1）文部科学省「学校基本調査」各年度版。
（2）内閣府男女共同参画局『男女共同参画白書　令和元年版』。
（3）総理府「婦人に関する世論調査―女性対象―」一九七二年。
（4）千野陽一編集・解説『資料集成現代日本女性の主体形成　第四巻　婦人政策本格化のなかで―一九六〇年代前期―』ドメス出版、一九九六年。
（5）相庭和彦「戦後日本社会の『高度ジェンダー化』と社会教育政策―一九六〇年代における家庭教育学級を中心として―」日本社会教育学会編『ジェンダーと社会教育　日本の社会教育　第四五集』二〇〇一年、一一五―一二八頁。
（6）財団法人日本女子社会教育会『四十年のあゆみ』一九八一年。財団法人日本女子社会教育会『五〇年のあゆみ』一九九一年。財団法人日本女性学習財団編『女性の学びを拓く―日本女子学習財団七〇年のあゆみ―』ドメス出版、二〇一一年。
（7）財団法人日本女子社会教育会『四十年のあゆみ』一九八一年。
（8）同前。
（9）同前。
（10）財団法人日本女性学習財団編『女性の学びを拓く―日本女子学習財団七〇年のあゆみ―』ドメス出版、二〇一一年。
（11）同前。
（12）村田晶子「社会教育における成人女性の学習をとらえる概念の変遷」同前書、一四二―一六〇頁。
（13）前掲（10）、一〇頁。
（14）「巻頭言」『女性教養』一九五二年一一月、二頁。
（15）「特集『女性教養』五〇〇号のあゆみ」『女性教養』一九九四年六月、二―一一頁。
（16）村田晶子は、創刊号に掲載された「座談会・女子社会教育を語る」という記事を検討し、「女子社会教育」の意味を次のようにまとめている。「『女子社会教育』とは、憲法や女性の参政権には触れているものの、教養の無さや女性の地位の低さが高い人格を育てられないととらえ、自覚の低い女性たちに知識を与え、教養を授けることが女性の地位向上につながるるとらえ、財団は、心ある指導者に向けて、女性の教養の向上、啓蒙を役割として考えていた。人的にはいうまでもないことだが、思想的にも戦前との断絶を読み取ることはほぼ不可能である」。前掲（10）、五八頁。
（17）前掲（10）。
（18）「お知らせ」『女性教養』一九六八年八月、六二―六三頁。
（19）「編集室だより」『女性教養』一九六五年四月、四八頁。
（20）女性教養大学家庭教育講座は、一九六六年一月に開催された全国家庭教育研究大会に引き続いて、二月四日から二六日まで八回にわたって実施された講座である。「話のひろば」『女性教養』一九六六年四月、六四頁。
（21）「『女性教養』合評会　ご案内」『女性教養』一九六七年五月、六四頁。
（22）「話のひろば」『女性教養』一九六七年七月、六四頁。
（23）「懇談会のこと―もうひとつの期待―」『女性教養』一九七〇年二月、八頁。
（24）「特集『女性教養』五〇〇号のあゆみ」『女性教養』一九九四年六月、七頁。
（25）「話のひろば」『女性教養』一九六九年八月、八頁。
（26）「話のひろば」『女性教養』一九六八年三月号、七二頁。。
（27）「話のひろば」『女性教養』一九六六年五月、六四頁。
（28）「話のひろば」『女性教養』一九七〇年八月、八頁。
（29）「主婦の生活きろく：共稼ぎ家庭の私たち」『女性教養』一九六六年四月、六二―六三頁。
（30）「主婦の生活記録：婦警として―仕事・妻・母親兼任の難しさ―」『女性教養』一九六五年一月号、四〇―四一頁。
（31）「主婦の生活記録：製菓の明け暮れ」『女性教養』一九六五年六月、四〇―四一頁。
（32）「主婦の生活きろく：西陣の織屋に嫁して」『女性教養』一九六五年八月、三六―三七頁。
（33）「主婦の生活きろく：冬の農婦のくらし」『女性教養』一九六四年四月、四〇―四一頁。

（徐　真真）

4　産業技術への関心の高まりと企業博物館

企業博物館の萌芽期としての高度経済成長期

　戦後いち早く博物館法（一九五一年公布）が制定されたように、博物館は社会教育の拠点として公立、私立ともに日本各地に設置されてきた。その数は文部科学省や日本博物館協会などの調査によると一九五七年に五三一館であったものが、一九七〇年には一〇八三館に増加している。[1]一方、それらの調査対象にはならないケースが多い企業博物館は丹青総合研究所調査（一九八七年）[2]によれば、一九五七年に一一館であったものが一九七〇年には五三館となっている。企業博物館は博物館、資料館、記念館、ＰＲ館などの名称があり、その主目的は周年記念や、広報、資料の保存などではあるが、工場見学の拠点として、あるいは地域産業としての歴史展示などで、地域の教育や文化に貢献している場合も多い。

　森は、本格的な企業博物館の新規開設が増加したのは一九七〇年代からで、特に一九七三年のオイルショックにより日本が高度経済成長期から低成長期に移行してからは、企業が自らのアイデンティティの確認や自社の歴史的資料を保存する手段として博物館、資料館を設置し、企業社会の成熟に向かうことに寄与したと指摘している。[3]しかし、それ以前に開館した館の中にも、そのような役割の萌芽は見られる。

　丹青総合研究所調査は二八五館の企業博物館をリストアップしており、開館時期が判明している二七〇館のうち高度経済成長期にあたる一九五八年から一九七二年に開館した館数は五九館である。業種の割合は一位が電力、ガスなどのエネルギー関連企業が二二館で三七パーセント、そのうち電力関連企業が二〇館で三三パーセントである。また二位が食品で一八パーセントとなっている（表4-1）。

本稿では、高度経済成長の牽引力となった製造業からトヨタ自動車工業、松下電器産業、東芝芝浦電気、また、前述調査で当時最も割合の多かった電力関連企業から中部電力、次いで食品関連企業からサッポロビールの、一九五〇年後半から一九七〇年前半の間に開館した企業博物館やそれに類する施設の事例を紹介し、企業の成長とともにそれらがいかに成立し、社会教育にどんな役割を果たしたかを考察する。なお、トヨタ自動車工業に関しては、前述調査では一九七七年設立のトヨタ会館が掲載されているが、本稿ではその前身で一九六〇年に設立されたトヨタホールを取り上げる。

工場見学の期待に応える「トヨタホール」（愛知県豊田市、一九六〇年開館）

トヨタ自動車工業（一九三七年創立）は、当初から来社する関係者、工場見学者などの接遇施設としてPRセンターを設置していたが、一九五九年の元町工場完成と同時に本格的に工場公開に取り組むべく、翌年に拠点として設立されたのが「トヨタホール」である。(4) この頃、工場見学者は年間一〇万人を超えており、トヨタホール設置の目的はこれら見学者への接遇と、トヨタの企業活動の紹介であった。(5) 約六〇〇平方メートルの展示場に、車両の実物・カットモデル・模型、工場の模型、トヨタグループ九社の紹介、さらに東海協豊会などの関係会社も加えた地図、全国の販売サービス網の所在地、トヨタ車の生産・保有・輸出量の統計コーナーなどが設置されていた。(6)

当時の社内報では「企業PRの時代」と題して次のように述べられている。現在は宣伝・広告の時代ではあるが美辞麗句を並べただけでは人々には信用されず、その会社、工場に信用がなければ製品は売れないため、どの会社も製品広告だけでなく企業広告に注力するようになっている。そしてラジオ、テレビ、新聞雑誌の広告よりも、会社のおいたちや工場を直接見てもらうことが一番よい方法であり、トヨタファンを増やすことにつながり、それがトヨタホール設立のねらいである(7)。

同社の工場見学者数は、一九六七年から一九七六年の間、年間約二〇万人から三〇万人で推移している。四〇パーセントから六〇パーセントは修学旅行や社会科見学で訪れる小学校から大学生の学生で、なかでも小学生、特に五年生が大半を占めた。これは学校教育に自動車産業が取り上げられ、修学旅行や授業の社会見学として工場見学の需要が高まったものである。その他は国内外の賓客、取引先、一般客である。海外客は、大阪万博が開催された一九七〇年には過去最高の一万二千人とその年の総見学者数約二四万人の五パーセントを占めている。

日本におけるマイカーブームは一九六〇年代後半から始まり、この頃は生産設備の先進性や高品質な製品の宣伝がトヨタホールや工場見学の主眼であった。一九七〇年代に入ると自動車の普及とともに交通事故や公害など自動車の持つ負の部分が社会問題となり、この頃には広報機能としてトヨタとしての交通安全啓発や公害対策の訴求が組み入れられた。また、日本の自動車輸出が拡大するにつれ海外からの賓客および視察団の来訪も増加している。このような状況からより充実した対応が求められ、一九七四年には展示施設と迎賓施設と兼ね備えたトヨタ鞍ケ池記念館が開館し、さらに一九七七年にはトヨタホールに変わりトヨタ会館が設置されて、工場見学と企業広報展示施設としての役割を引き継いだ(8)。

31	カメラ博物館ペンタックスギャラリー	東京都	旭光学商事	精密機械	1967
32	じゅらく染織資料館	京都府	じゅらく	繊維	1968
33	日本電信発祥の地・電信発祥記念室	長野県	日本電信電話公社(現日本電信電話)	電気通信	1968
34	松下電器歴史館	大阪府	松下電器産業	電気通信	1968
35	日本原子力発電敦賀原子力館	福井県	日本原子力発電	エネルギー	1969
36	男山酒造り資料館	北海道	男山	食品	1969
37	倉紡記念館	岡山県	倉敷紡績	繊維	1969
38	松下電器技術館	大阪府	松下電器産業	電気通信	1969
39	福島第一原子力発電所サービスホール	福島県	東京電力	エネルギー	1970
40	海南発電所 PR 館	和歌山県	関西電力	エネルギー	1970
41	佐渡金山展示資料室	新潟県	ゴールデン佐渡	鉱業	1970
42	高島屋史料館	大阪府	高島屋	商業・金融	1970
43	日清製粉製粉記念館	群馬県	日清製粉	食品	1970
44	出羽ノ雪酒造資料館(尚古館)	山形県	渡会本店	食品	1970
45	高砂発電所 PR 館	兵庫県	関西電力	エネルギー	1971
46	坂出発電所 PR 館	香川県	四国電力	エネルギー	1971
47	内藤記念くすり博物館	岐阜県	エーザイ	化学	1971
48	烏山和紙会館	栃木県	福田製紙所	紙パルプ	1971
49	日立造船舞鶴館	京都府	日立造船	機械	1971
50	サントリーワイン博物館	山梨県	サントリー	食品	1971
51	大島紬観光センター	鹿児島県	大島紬観光センター	繊維	1971
52	新仙台火力発電所 PR 館	宮城県	東北電力	エネルギー	1972
53	浜岡原子力館	静岡県	中部電力	エネルギー	1972
54	堺港発電所 PR 館	大阪府	関西電力	エネルギー	1972
55	島根原子力事務所 PR 館	島根県	中国電力	エネルギー	1972
56	梅小路蒸気機関車館	京都府	日本国有鉄道(現 JR)	交通・運輸	1972
57	三越資料館	東京都	三越	商業・金融	1972
58	サントリービール博物館	東京都	サントリー	食品	1972
59	江崎記念館	大阪府	江崎グリコ	食品	1972

丹青総合研究所調査（1987 年）から筆者作成。
注）開館年順。設置者企業名は同調査時点のもの。

表 4-1　高度経済成長期（1958 年から 1972 年）に開館した企業博物館

No.	館名	所在地	設置企業	業種	開館年
1	東京電力池袋サービスセンター資料室	東京都	東京電力	エネルギー	1959
2	大阪発電所 PR 館	大阪府	関西電力	エネルギー	1959
3	ユニチカ記念館	兵庫県	ユニチカ	繊維	1959
4	神通川第二発電所記念館	富山県	北陸電力	エネルギー	1960
5	菊正宗酒造記念館	兵庫県	菊正宗酒造	食品	1960
6	仙台火力発電所 PR 館	宮城県	東北電力	エネルギー	1961
7	田子倉電力記念館	福島県	電源開発	エネルギー	1961
8	新名古屋火力発電所 PR 館	愛知県	中部電力	エネルギー	1961
9	東海銀行貨幣資料館	愛知県	東海銀行	商業・金融	1961
10	東芝科学館	神奈川県	東芝	電気通信	1961
11	青梅鉄道公園・記念館	東京都	日本国有鉄道(現 JR)	交通・運輸	1962
12	御母衣ダム展示館	岐阜県	電源開発	エネルギー	1962
13	交通科学館	大阪府	日本国有鉄道(現 JR)	交通・運輸	1962
14	尼崎第三発電所 PR 館	兵庫県	関西電力	エネルギー	1963
15	豊田佐吉翁記念室	愛知県	豊田自動織機製作所	機械	1963
16	日本酸素記念館	東京都	日本酸素	化学	1964
17	和鶏館	神奈川県	日本農産工業	食品	1964
18	べっ甲資料館	長崎県	江崎べっ甲店	生活関連、他	1964
19	三井文庫	東京都	三井グループ	商業・金融	1965
20	ヒゲタ資料館	千葉県	ヒゲタ醤油	食品	1965
21	北陸電力有峰記念館	富山県	北陸電力	エネルギー	1966
22	阿南発電所 PR 館	徳島県	四国電力	エネルギー	1966
23	サッポロビール史料館	北海道	サッポロビール	食品	1966
24	小平記念館	茨城県	日立製作所	電気通信	1966
25	がす資料館	東京都	東京瓦斯	エネルギー	1967
26	パイロット筆記具資料館	神奈川県	パイロット萬年筆	印刷・事務機	1967
27	美浜原子力 PR センター	福井県	関西電力	エネルギー	1967
28	姫路第二発電所 PR 館	兵庫県	関西電力	エネルギー	1967
29	豊島屋資料館	長野県	豊島屋	食品	1967
30	天草パールセンター	熊本県	天草パールセンター	生活関連、他	1967

科学の普及をめざす「東芝科学館」（神奈川県川崎市、一九六一年開館）

東芝科学館は東京芝浦電気の創業八五年の記念事業として、中央研究所の新築とともに開館した、企業が設置した科学館として草分け的な存在である。

同社の前身のひとつである東京電気は主な事業が電球製造で、照明事業の認知度向上と教育・啓発のため一九二七年、川崎工場内にマツダ照明学校を開校する。当時最先端の製品、技術、設備などを展示し、工事関係者や販売員など関係者向けだけではなく、一般公開もしていたが、第二次世界大戦の際に建物が焼失して廃校となった。

戦後、高度経済成長期に入るころに、同校の復活として科学館設立の機運が高まり、三年間の準備を経て「東芝科学館」がオープンした。人材育成、産業遺産の収集・展示という点ではマツダ照明学校を踏襲しながらも、建設経過中間報告書の中にはその目的として「当社のPR機関として既設の東京タワー、銀座ビルとは異なり、東芝製品の単なる展示に止まらず、科学的、啓蒙的、指導的な立場から、当社のPRをなすとともに、社会に貢献し得るものとする」とあり、合併して総合電機メーカーとなった同社の技術広報と社会貢献を担う施設として位置づけられている。

入場者数は開館翌年の一九六二年には一〇万人を超えて年々増加、一九六六年以降は二〇万人を超えている。修学旅行や社会科見学など小中学校をはじめとする学校行事での参加が多い。またとくに一九六〇年代から八〇年代にかけては皇室や世界各国首脳などの賓客が訪れ、高度経済成長期を代表する企業の先端技術を紹介する施設として機能していた。一九六四年には、川崎市の産業観光コースに指定されている。(9)

科学館の三フロア合わせた総面積は三一五〇平方メートル、約七〇の展示ブースがあり、予約制で案内者の説明実演が原則であった。基礎的な実験装置、高度な技術の実演、観客の参加型体験も含めて、幅広く電気と電子の知識を普及するという内容である。主な展示は、電気の力、原子力、医療と電気、エレベーター、ステレオ、モデルハウス、電子レンジ、電球・ランプ、光とアカリ、家庭の電機、音の実験、電機技術の発達に尽くした人々、エレクトロニクス、電機のパノラマ、実演用の講義室など科学館的な内容のほか、東芝の歴史、会社紹介、関連会社紹介などであった[10]。

その後も東芝のコアとなる技術の変化が、展示に反映されて、毎年のように更新されていった。

創業の精神を伝える「松下電器歴史館」（大阪府門真市、一九六八年開館）最新の技術成果に触れる「松下電器技術館」（大阪府門真市、一九六九年開館）

松下電器産業は一九六八年に創業五〇周年を迎え、記念事業の一環として「松下電器歴史館」「松下電器技術館」を開館した。

「松下電器歴史館」は、同社の五〇年の歴史を通観することで、創業の志と事業発展の歩みを従業員に伝え、創業者松下幸之助の人間像に触れ、「従業員の心のふるさと」として社業の発展に寄与することを目的としていた。建物は、一九三三年に同社が現本社のある門真市に移転した際の本店の姿が再現された[11]。

建築面積は一四六〇平方メートルで、四室で構成された。第一室は幸之助の生家の門や松下電器創業の家が再現され、最初の製品であるアタッチメントプラグなどが展示された。第二室は「歴史資料室」として五〇年の同社の歩みを資料に基づき説明し、自転車の砲弾型ランプ、ラジオ、PHP創刊号などが展示されていた。第三室の「製品展示室」では、主な製品であるラジオ、アイロン、乾電池などの変遷やテレビ試作第一号機の実物展示とともに、同社の人づくりの歴史が紹介された。第四室では門真工場の変遷や、ポスター、カタログ、新聞広告などの宣伝資料が展示されていた。[12][13] 開館後、一九七三年までの五年間の累計入場者は三五万人で、社内関係者が二割である。残り八割の社外の一般来館者は、官公庁、一般企業、教育関係者、また中学校・高校の修学旅行や社会科見学、大学のゼミ、ＰＴＡの活動などで利用されていた。[14]

翌年開館した「松下電器技術館」は、同社の世界的発明を含む七一種類、三五〇点の技術成果が展示されたが、商品化された既存の技術ではなく、広範囲な応用に役立つものを中心に、随時最新の技術の展示に更新・公開していた。

原子力の正しい理解をはかる「浜岡原子力館」（静岡県御前崎市、一九七二年開館）

高度経済成長期に開館した企業博物館が突出して多い電力関連企業については、馬渕が東北・東京・中部・九州の各電力会社設置のＰＲ館、約六〇館の総合的な調査を行っている。一九五五年頃に国のエネルギー政策により新しい火力発電所が次々と建設され、一般市民の見学の需要に応えるため、事前学習用のＰＲ館が施設として設置された。その端緒は中部電力が名港火力発電所の火力機増設を機に一九五五年に設けた名港展示館（愛知県名古屋市）で、展示用模型、ジオラマ、映写装置、増幅装置、絵図面などが建築事務所を改造した説明展示室に置かれていた。ＰＲ館は一九五七年には三重火力発電所に、一九六一年には新名古屋火力発電所に設置されているが、この流れを受けて一九六三年開設の四日市発電所火力発電所では、設計段階からあらかじめ組み込まれている。その他、水力発電所におけるＰＲ館の設置も基本は、見学者対応の必要性によるものであった。[15]

一方、浜岡原子力館は一九七二年八月、中部電力最初で唯一の浜岡原子力発電所の一号機が稼働する一九七六年に先駆けて開館している。同社では「原子力に対して、まず関心を持ってもらおう、正しく理解してもらおう、そして協力してもらおう」として、原子力部門を中心として原子力広報活動を実施している。地域住民の意思決定に影響力を持つオピニオン・リーダー、報道関係者などに理解活動を行い、浜岡原子力発電所の建設に合わせてさらにひろく、原子力の紹介と周辺の観光を結ぶ構想のもとに計画されたのが浜岡原子力館で、開館二年後の一九七四年には、累計入館者が五十万人を数えた[16]。

「地域住民との共存共栄」をモットーに、中部電力創立二〇周年としても位置づけられて開館した同館は、延べ一一三五平方メートル。原子力発電について、「原子力発電の必要性と安全性」「一号機の建設記録」などの上映、原子力とは何かという基礎知識やウラン燃料の製造工程、原子炉の内部構造、原子力の開発状況などを、大規模な回転模型やパネルなどで説明している。屋上展望台では発電所の全景を展望することができる。さらにオープンギャラリーには静岡県の観光案内、地元物産展示などの郷土コーナーもあり、地元小中学生の写生展・書道展などへの会場提供も行い、地域貢献の拠点としての役割も担っていた[17]。

見ていただく工場の中核としての「開拓使麦酒記念館」（北海道札幌市、一九六六年開館）

我が国のビール消費は高度経済成長期に急伸し、一九六〇年代半ばから各ビール製造会社の生産工場の新・増設が相次いだ。サッポロビールも従来の札幌工場に加え、札幌第二工場を一九六六年五月に竣工した。この直前に北海道朝日麦酒札幌工場が竣工しており、かつビール工場でも工場見学が増加していることを踏まえ、サッポロビールとしても札幌第二工場は大阪工場に続いて工場見学にも対応する「見ていただく工場」として整備がなされた。

一九六六年七月には第二工場に隣接して我が国初のビール史料館とビアホールを併設した「開拓使麦酒記念館」がオープンした。この赤れんが造りの建物は札幌製糖会社の工場として一八九〇年に建造され、サッポロビールが一九〇三年に買収して精麦場として使用していたものである。第二工場建設にあたってはこの旧・精麦場を取り壊す意見もあったが、我が国を代表する明治の工場建築で北海道の開拓や産業史の点からも希少な文化遺産であることから、七五年の歴史（当時）をもつ文化遺産の保存、営業宣伝の価値、「見せる工場」の中核という三つの観点で、赤れんが建築の原型を保存する案が決定された。

ビール史料館の展示は、開拓史／大倉組／札幌麦酒／大日本麦酒の主要な文書・図書・写真、開拓使時代の醸造用器具などの歴史的機械器具、明治以来のビールのラベルやポスターなどの宣伝資料などであった[18]。第二工場の工場見学で近代的生産工程を見たあと、開拓史麦酒記念館で歴史展示を見て、試飲ができるという流れで、札幌の観光スポットのひとつとなった[19]。

企業の高度経済成長期における企業博物館の役割

この時期の企業の施設設置は、施設見学や企業技術公開などの見学ニーズが強いことが見てとれる。右肩あがりの経済成長期にその源泉を解き明かすべく、生産現場の見学の需要は国内外から年々増加し、トヨタや中部電力の火力発電所などの見学者受入施設の整備をうながし、見学の事前学習として生産技術の展示や企業紹介などがなされた。

同じ中部電力でも浜岡原子力館は同社の原子力発電事業の理解活動という面が大きい。住原は日本全国の原子力発電所関連のＰＲセンターについて調査を行っているが、それによれば一九七〇年代までは国内では原子力発電への大きな不信や反対運動はなく、無関心であるか、立地地域はむしろ経済効果を期待して誘致に積極的ですらあった。原子力発電所とともに設置されるPRセンターも、一九七九年のスリーマイル事故や、一九八六年のチェルノブイリ事故以前は、原子力発電の仕組みや安全性を説明する目立たない質素な施設であった[20]。

食品業界では試飲・試食とあわせて工場見学が半ばレジャーとしてみなされるようになり、サッポロビールのように「見ていただく工場」を整備することが企業の競争力・ブランランディングにつながっていく。またビアホールと併設することで観光需要を掘り起こすという地域貢献の役割を担った。

一方、公立科学館さえ少数であった時代に企業科学館を先駆けて設立した東芝科学館は設置動機が第二次世界大戦中に焼失したマツダ照明学校の復活であることが特徴的である。また、松下歴史技術館は同社の技術をひろく公開して役立てたいという企図であり、松下電器歴史館が、創業者の理念と企業の歴史の浸透を通じて「従業員の心のふるさと」とするべく設置されたのと対照的ではあるが、二館を五〇周年事業として設置することでバランスがとられている。東芝も松下も、これらの館の設置がこの時代に実現しているのは、歴史が長い大企業であればこそだが、自社の技術展示や科学展示、周年事業として社史や創業者の理念を伝承する企業博物館は森が指摘するように高度経済成長期以降急増する。この二社が先駆的な館として与えた影響は大きいだろう。

以上、五社の企業博物館はそれぞれの動機により設立、運営されたのだが、見学者の大半は小中高校生であり、学校教育への貢献はそれぞれの館でも重要視されていた。また国内外の賓客、他企業、一般からの見学を広く受け容れているという点では、産業技術の理解促進という社会教育施設としての機能も担っていたと言える。

注

(1) 伊藤寿朗・森田恒之編『博物館概論』学苑社、一九七八年。
(2) 丹青総合研究所「企業博物館・資料館（室）の実態に関する調査報告」企業史料協議会『企業と史料』第二集、一九八七年。
(3) 森真澄「専門博物館化への期待」同前書。
(4) 「工場公開業務の変遷」トヨタ自動車工業編『トヨタのあゆみ―部門編―一九六八～一九七七　四〇周年記念』トヨタ自動車工業株式会社、一九七八年。
(5) トヨタニュース「豊田市トヨタ町一番地の新社屋」一九六〇年一〇月号。
(6) トヨタ新聞「本館、トヨタホール完成」一九六〇年八月号。
(7) トヨタグラフ「トヨタを一堂に」一九六〇年九月号。
(8) 「工場公開業務の変遷」前掲書（4）。
(9) 東芝科学館編『東芝科学館五十年史』二〇一一年。
(10) 兵頭正明「マツダ照明学校と東芝科学館の創設過程」電気学会研究会資料．HEE,電気技術史研究会、一九九六年。
(11) 百年史編纂委員会編『パナソニック百年史』二〇一九年。
(12) 「松下電器産業社内報」一九六八年四月。
(13) 「松下電器産業社内時報」一九六八年三月。
(14) 関西経済連合会『関経連』第一一一号、一九七三年七月。
(15) 馬渕浩一「わが国における産業技術博物館の史的考察と地域産業活性化に関する研究」（博士論文）二〇〇五年。
(16) 中部電力編『中部電力三十年史』一九七一年。
(17) 川崎幸雄「中部電力（株）浜岡原子力館」『日本原子力学会誌』二一巻一〇号、一九七九年。
(18) サッポロビール株式会社編『サッポロビール一二〇年史』一九九六年。
(19) 電通編『日本の企業博物館』一九八四年。
(20) 住原則也「日本の原子力発電所展示館」中牧弘允・日置弘一郎編『企業博物館の経営人類学』東方出版、二〇〇三年。

（佐藤　友美）

補　章

「経済成長と社会教育」の比較研究試論

1　アジアの経済成長と社会教育　東南アジアと中央アジアを中心に

東南アジアにおける経済成長の光と影

第二次世界大戦後、一九六〇年代の東南アジア経済の動向については、経済の拡大や経済成長率の伸び、国民総生産の比較的高い増加率の達成など、経済成長の進展を指摘する見解がある一方、人口増加に起因する食糧不足や外貨危機、インフレの昂進などの問題も取りざたされてきた。(1) そのような「東南アジア経済の苦悩は人口の大きさ、資源の状況、経済の発展段階などの相違から、国によってかならずしも一様ではない」(2) といった指摘もなされている。

一九六七年八月には、「ＡＳＥＡＮ」（東南アジア諸国連合、Association of South East Asian Nations）が「バンコク宣言」をもとにフィリピン、タイ、マレーシア、シンガポール、インドネシアの五か国によって発足した。ＡＳＥＡＮ設立の目的としては、①東南アジア諸国の平和と繁栄の確保、②域内経済開発、③域内通商の拡大等が挙げられている。(3) いまや世界有数の経済共同体といわれるＡＳＥＡＮであるが、「結成の第一義的要因となったものはインドシナからの『ドミノ倒し』を危惧した東南アジア発展途上諸国の政治的共通利害であり、それに比べて、経済的な意義は当初はさほど大きなものではなかった」(4) とも指摘されている。二〇二三年現在の構成国はインドネシア、マレーシア、フィリピン、シンガポール、タイ、ブルネイ、ベトナム、ラオス、ミャンマー、カンボジアの一〇か国である。さらに、第四〇回及び第四一回ＡＳＥＡＮ首脳会談で東ティモールのＡＳＥＡＮ加盟が原則承認された。[5]

上述のような経済成長の光の部分がみられる一方、テロや軍事クーデターの発生など域内の政情不安、都市部への過度な人口集中、貧困の拡大とスラム街の形成、食糧不足による社会不安の増長などのさまざまな社会課題という影の部分も存在する。その影の一つに環境破壊がある。日本では、一九六〇年代の実質経済成長率は一〇％を超え、高い経済成長を遂げたが、その背景には急激な工業化と特に都市部を中心とした人口増加、消費市場の形成・成熟といった大きな社会変動があった。このような変動は自然破壊や大気汚染、水質汚濁、騒音・振動などを引き起こし、日本は深刻な公害問題に直面することとなった。ＡＳＥＡＮ諸国でも日本と同様に環境問題が大きな課題となってきたが、ＡＳＥＡＮの課題として法制度など環境対策を行う条件の未整備、日米やアジアＮＩＥＳによるＡＳＥＡＮへの投資が環境破壊を招いている恐れがあること、環境破壊に対する市民運動の統制などが挙げられている。[6]

東南アジアの経済成長とノンフォーマル教育

ＡＳＥＡＮ諸国において経済成長と社会開発がすすむ中で生まれるひずみには、前述の環境問題や保健医療、貧困と格差の拡大などさまざまなものがある。教育分野では、非識字者の残存や中等教育修了率の停滞、教員不足など深刻な課題が見受けられる。加盟国間での経済格差はもとより教育格差も大きな課題となっており、経済成長に伴い初等教育就学率は概ね上昇しているが、中等教育修了率については、中等教育最終学年の年齢人口に占める進学人数（二〇一九年）がラオスでは六五・二％、ミャンマーでは六四・八％、カンボジアでは五七・七％となっており、中等教育修了が一般的なものとはなっていない。このうち、ミャンマーでは一五歳から二四歳で読み書

き可能な人口の割合（二〇一八年）が八四・八％であり、識字教育が重要な課題である。(7)

ＡＳＥＡＮが発足した一九六〇年代ではＡＳＥＡＮ五か国のうちシンガポールを除く国々の中等教育就学率が上昇しているが、「人的資源の供給が増加しても、それが効率的な活用に結びつかない限り、必ずしも経済的パフォーマンスの向上を意味するものではない(8)」という指摘もあり、急激な経済成長に呼応するいびつな教育構造が同時期のＡＳＥＡＮ諸国では生じていたと考えられる。

教育構造の歪みは、貧困を背景とした学校教育からドロップアウトする子どもたちや十分な教育機会を得られず成人となった人々の識字問題を引き起こしたが、これらの課題を引き受ける受け皿の一つであったのがノンフォーマル教育の場であった。一九六〇年代以降の経済成長期に生み出された教育課題は一九九〇年代、二〇〇〇年代にも引き継がれ、東南アジア諸国ではCommunity Learning Center（CLC）が地域コミュニティを基軸とした初等・中等教育、識字教育の拡充、職業訓練の実施などのノンフォーマル教育の拠点となっている。インドネシアやベトナムでは学校教育同等の教育を提供する同等性教育が展開されており、プログラム終了後の国家試験に合格すると学校の卒業証書と同等の修了証書が交付されるなどの制度が整備されている。以上を踏まえると、ＡＳＥＡＮにみられるような東南アジアのノンフォーマル教育には経済成長の中で生み出されたいびつな教育構造を補完し、さらには社会課題の解消、改善を促す役割が付与されていると考えられる。

ソ連及び中央アジアの経済成長と社会課題

ソビエト連邦や東欧の経済政策は、社会主義経済制度の確立及び東西冷戦に対する軍備増強、経済力強化のため重工業を優先する政策がとられ、人材育成も工業部門の拡大に合わせ行われた。その結果、工業雇用の増加により都市人口が膨張し、消費財に対する需要が増大した反面、軽工業や農業の生産は相対的に立遅れた[9]。一九六〇年代のソ連では、フルシチョフ前首相のもとスタートした「七カ年計画（一九五九～一九六五年）」を軸に経済計画の見直し、転換が行われた。この時期の経済動向に関し、「一九五九、六〇年には多くの経済指標の伸び率が七カ年計画の年平均を上回っていたのに対して、六一年上半期の実績は七カ年計画の年平均と六一年の年間計画をともに下回っている[10]」など、経済成長の鈍化が示されている。

ソ連期の中央アジアでは、中央政府の指令によって展開される計画経済に基づくモノカルチャー経済が進められた。ウズベキスタンなどでは、綿花に特化した産業構造が構築されたが、それは現在のアラル海にみられるような環境破壊や綿花生産と食料生産のアンバランスさといった課題も生じさせた[11]。ペレストロイカ期には、アラル海問題やチェルノブイリ原子力発電所事故など人災ともいえる環境破壊に対する世論の高まりがあり、中央・地方政府による環境政策の整備が推進された[12]。

経済企画庁昭和四七年年次世界経済報告によれば、「六〇年代後半になると、経済成長率の鈍化、東西緊張のいっそうの緩和を背景に、生活水準の向上と労働生産性の上昇をともなった『バランスのとれた成長』に対する志向が強まって、伝統的な重工業優先政策から消費財優先政策への転換が経済政策の主要課題として浮かびあがった[13]」点が指摘されている。これ以降、ソ連の政策意識は西側の資本主義国との経済競争や工業部門を中核とした成長第一主義から国民のゆたかな消費生活の実現や国民福祉の向上を強調するような方向へと大きく転換することになる[14]。

ソ連や東欧の水準を国際的にみると、教育や医療はほぼ西側先進国並みの水準が確保され、とりわけ幼児の保育、教育は重視されていた。ソ連では九〇〇万人の幼児に対し幼稚園、保育所が全国で一〇万か所開設されていたほか、参加者八八〇万人規模の夏のキャンプ、五千か所の技術・博物館・公園などの施設、生徒数七六万人を受け入れる音楽、芸術学校が四五〇〇校整備されるなど、専門教育や学校外教育の場が拡充されていた。[15] 働く成人に対しては、余暇活動と労働の充実が重視されていたが、当時の状況について「七〇年現在で工業部門の週労働時間四〇・七時間、週五日制(一九六七年実施)となっているが、その余暇をいかに利用するかが問題となっている。元来、ソ連では余暇は自由時間と呼ばれ、休息を除けば学習、社会活動など『人格の発展』に利用すべきであるとされていたが、現実には調査によって示されているように、休息と気ばらしが余暇時間の大半を占めている。しかも余暇が増す反面でその活用のための施設が不十分なため、飲酒などの悪影響が広がりつつある」[16] との指摘もある。

なお、社会主義国家を標榜するソ連では、社会における平等が原則とされ、それ故ホームレスや乞食などにみられる貧困や不平等は存在しないとみなされてきた。一九八九年まで、ソ連には貧困が公式には存在していなかったが、貧困線を初めて数値化した一九七四年の法令では、世帯一人当たりの収入が五〇ルーブル未満の世帯は「低収入家庭」とされ、八歳までの子ども一人あたり一二ルーブルの補助金が支給された。[17]

ソ連及び中央アジアの経済成長と社会教育

ソ連期における社会教育は、成人教育や青年教育、子どもの学校外教育から構成されていた。子ども・若者に対しては前出の施設やキャンプのような学校外教育を充実させるという理念のもと、多様な関連組織や教育機関が創設された。関連組織は、一〇歳までの児童のためのアクチャブリャータ、一〇歳から一五歳までの子どもたちのためのピオネール、一五歳から二八歳までの若者のためのコムソモールというように体系的に形成されていた。[18]

一方、成人に対しては教育機関における各種コースや子育て、子どものしつけについての知識を学ぶ場など、多様な教育の機会を提供する成人教育の場が整備された。具体的には、中等専門教育、高等教育における夜間制コースと通信制コースや父母大学、教養大学、図書館が挙げられる。一例として、文化の家や文化宮殿、労働者クラブ、工場クラブの整備により設置された教養大学がある。これは公教育の一つとされ、そこでは文学や美術、演劇、映画、音楽、科学、そして教育に関する講義や討議が行われた。入学や講義の受講に際して試験は課せられておらず、希望者は若干の授業料を支払い講義に参加することができたという[19]。このような成人教育拡充の背景には既出の余暇活動と労働の充実という目的があると考えられるが、この動向についてトミアクは、「成人にたいする教育的・文化的活動の一般的な目標は、住民大衆のなかに共産主義的意識と政治的積極性をつよめること、一般的な文化と教育の水準をたかめること、および集団主義と労働愛の精神をうながすこと[20]」と述べている。

中央アジア、特にウズベキスタンに着目すると、マハッラと呼ばれる地域コミュニティがさまざまな役割を果たしている。マハッラはアラビア語源の言葉であり、イスラム都市の街区、中央アジア地域に古くから存在する共同体で行政の末端組織となるものなどの定義がされているウズベキスタンの地域共同体である。ソ連期において、中央政府はマハッラのチャイハナなどの伝統的な仕組みや機能を利用することで、マハッラ住民の考え方を「ソビエト的」で社会主義的なものへと変え、「ソビエト国民」を形成しようとした[21]。マハッラはマクタブ（学校）やマドラサ（神学校）とは別の、住民に対してソ連のイデオロギーを教授するという新しいノンフォーマル教育的な役割を担うことになったといえる[22]。ソ連解体によるウズベキスタン独立後の現在のマハッラでは、住民に対する子育て支援や啓発活動とともに、就業訓練や各種講座が実施されており、マハッラ住民に対して教育機会や就業支援を提供している。

アジアにおける経済成長のうねりと社会教育の意義

本節では、東南アジアと中央アジアの経済成長と社会教育を俯瞰した。両地域とも、第二次世界大戦後における顕著な経済成長とそれに呼応する教育が展開され、その過程でさまざまな課題が生み出されていた。東南アジアでは、経済成長に対応するためのいびつな教育構造のなかで生じた学校からのドロップアウトや非識字の問題とともに、貧困や格差に対峙するノンフォーマル教育の姿がみられる。一方、中央アジアでは工業分野重視の計画経済から引き起こされた雇用のアンバランスさや都市部への人口集中から誘引される社会課題の解決の方策を社会教育に見いだそうとしていた。それは余暇と労働の充実という観点から展開されていたが、中央アジア・ウズベキスタンのマハッラに目を向けると、それは必ずしも余暇、労働といった点からだけでなく、その根底にはソビエト国民の形成という社会主義国家としてのイデオロギーによる教化とナショナル・アイデンティティの醸成が存在していた。

東南アジア諸国、特にＡＳＥＡＮは超国家的な地域協力機構である一方、ソ連期の中央アジア諸国はソビエト連邦という一国家を構成する共和国である。両地域をめぐるこのような背景を踏まえた上で両者を比較すると、経済成長と社会教育の連関については当然ながら中央アジアの方がより国家としてのイデオロギー性に根づく経済成長と社会教育の連関が強いという点がみられる。しかし、経済成長から生み出された複雑な社会課題解決の方途としての社会教育の役割という点では両地域に共通した政策や実践がみられ、社会教育は経済成長において発生する社会課題の解消、改善のための役割を付与されてきたといえる。両地域に共通する経済成長の陰の一つに環境問題が挙げられるが、社会教育は東南アジアと中央アジアの環境問題にかかる多様な学びにも連結していると推測される。[23]

第二次世界大戦、冷戦を経て、さらには新型コロナウイルスのパンデミックやロシアによるウクライナ侵攻のなかで経済成長と社会教育の連関を考えるとき、東南アジアと中央アジアにおける経済成長と社会教育の様相は私たちにさまざまな示唆を与えてくれるといえよう。

注

（1）経済企画庁「昭和三六年 年次世界経済報告」。https://www5.cao.go.jp/keizai3/sekaikeizaiwp/wp-we61/wp-we61-02301.html、経済企画庁「昭和四一年 年次世界経済報告」一九六六年。https://www5.cao.go.jp/keizai3/sekaikeizaiwp/wp-we66-1/wp-we66-00601.html

（2）同前。

（3）日本銀行「ASEAN諸国の経済成長とその背景」。https://www3.boj.or.jp/josa/past_release/chosa198204a.pdf、外務省「ASEAN（東南アジア諸国連合）概況」https://www.mofa.go.jp/mofaj/area/asean/page25_001325.html

（4）奥田孝晴「ASEANの『拡大』と『深化』に関する研究」『文教大学国際学部紀要』九（一）、一九九八年。

（5）JETRO「ASEANサミットでミャンマー対応や東ティモールのASEAN加盟など決議」。https://www.jetro.go.jp/biznews/2022/11/9fa88e88e2be1987.html

（6）藤崎成昭「新『成長圏』の光と影―東南アジア諸国」日本貿易振興機構（ジェトロ）アジア経済研究所『調査研究レポート14 発展途上国の環境問題―豊かさの代償・貧しさの病』一九九二年。

（7）JETRO「ASEANにおける社会課題動向調査」二〇二二年。https://www.jetro.go.jp/ext_images/_Reports/01/e0836657a36bae45/20220004_01_02.pdf

（8）Lee Kian Lim & Michael McAleer, "Convergence and catching up in ASEAN: a comparative analysis" Applied Economics, 2003.

（9）経済企画庁「昭和四七年 年次世界経済報告―福祉志向強まる世界経済―」一九七二年。https://www5.cao.go.jp/keizai3/sekaikeizaiwp/wp-we72/wp-we72-02401.html

（10）経済企画庁「昭和三六年 年次世界経済報告」。https://www5.cao.go.jp/keizai3/sekaikeizaiwp/wp-we61/wp-we6102401.html#sb2.4.1.1

(11) 石田進「中央アジアの農業問題」『国際大学中東研究所紀要』第八号、一九九四年。
(12) 地田徹朗「環境問題と環境政策—ソ連時代の負の遺産と新たな課題—」宇山智彦・樋渡雅人編著『現代中央アジア—政治・経済・社会—』日本評論社、二〇一八年。
(13) 前掲（9）。
(14) 同前。
(15) 同前。
(16) 同前。
(17) Jeanine Braithwaite, "The Old and New Poor in Russia: Trends in Poverty", Education and Social Policy Department, Human Resources Development and Operations Policy, The World Bank, 1995.
(18) J・J・トミアク『ソビエトの学校』明治図書、一九七六年。
(19) 同前。
(20) 同前。
(21) ティムール・ダダバエフ、「中央アジア諸国の現代化における伝統的地域社会のあり方と役割—ウズベキスタンの『マハッラ』を中心に—」『東洋文化研究所紀要』一四六、東京大学東洋文化研究所、二〇〇四年。
(22) 河野明日香『「教育」する共同体—ウズベキスタンにおける国民形成と地域社会教育—』九州大学出版会、二〇一〇年。
(23) 実際に、中央アジアではアラル海問題についての学習プログラムが展開されている。The World Bank Aral Sea Youth Summer School などを参照。https://www.worldbank.org/en/news/video/2019/10/07/aral-sea-youth-summer-school

※ WEB 資料はすべて二〇二三年一〇月二日最終閲覧。

（河野　明日香）

2　中国の経済成長と高齢者学習

中国では、一九七八年の改革開放から今日に至るまで、一時期を除いて、年率一〇%ほどの高度成長を続けている。経済の成長とともない、都市部と農村部の格差が生じ、また、「一人っ子」政策によって高齢化問題も一九八〇年代から都市部において現れてきた。本節では中国の経済成長をしている時期に、どのような高齢化問題に直面し、その際に、高齢者施策がどのように充実され、実践レベルではどのような高齢者の学習活動が展開されてきたかについて論じる。

中国の経済成長と高齢化問題の出現

一九七八年、鄧小平政権によって「改革開放政策」が打ち出された。その目的は中国を計画経済という社会主義経済から市場経済という資本主義経済にすることである。文化大革命後の経済を立て直すため、経済特別区の設置、人民公社の解体、海外資本の積極的な導入などが行われた。鄧小平はまず沿海都市部を中心に、四つの経済特別区を指定し、市場経済を取り入れ始めた。それを徐々に沿海部他の地域に拡大し、最後に内陸まで届くという方式が想定されている。一九八〇年代から、市場経済の導入によって、中国経済の発展が加速してきた。その際に、二つ大きな社会変化をもたらしてきた。

一つ目に、「改革開放」に伴う市場経済の発展によって職場での終身雇用制がなくなったことで、一九五〇年代に立ち上げられた「企業養老保険制度」が維持できなくなり、「単位（職場）」は高齢者の老後の生活や福祉サービスの提供元としての機能を失いつつある。その代わりに、一九八六年に「社区服務」の概念が国の政策へ初めて導入された。つまり、人々が生活している社区は生活福祉サービスの提供元として機能しはじめた。市場経済の発展および体制改革の深化と共に社会養老保障体制が整えられ、退職した高齢者は「単位人」から「社区人」として転換される傾向が強まってきた。(1)

二つ目に、沿海都市部の経済発展により、一九九〇年代から、地方出身の多くの若者が都市部へ働きに出ていた。鄧小平の「改革開放」の代表的な方針「先富帯後富」（先に裕福になる人々が残りの人々を裕福へ導く）が多くの人々の生産意欲を大いに刺激した。このような施策のもとで、経済特別区と指定された沿海都市部を中心に、一部の人々が確かに短時間で裕福になったが、その後の「帯後富」（残りの人々を裕福へ導く）の機能が予測した通りに働かず、沿海都市部と地方との貧富の格差問題が生じた。この格差が地方若者の人口流動を促した。

「改革開放政策」の実施とほぼ同時に、一九七〇年代末から一九八〇年代にかけ、「一人っ子政策」が実施され、中国の高齢化を加速させた。一九八三年に、上海市は中国の中で最も早く高齢化社会に入った地域となった。一九九〇年代から、各地が続々と高齢化社会に入り、一九九九年には六〇歳以上の人口が全人口の一〇％以上を占めるようになり、中国全土が高齢化社会に入った。また、若者の人口流失により、農村部に残された高齢者の老後問題が顕在化してきた。

高齢者教育の振興と課題

都市部で先に豊かになった高齢者は退職後、経済的なゆとりができ、老後生活を楽しく過ごすために、趣味を中心とする高齢者活動の場を求める声が現れてきた。また、終身雇用制の崩壊は国有企業で要職についていた幹部を退職させるという幹部制度の改革につながり、このような幹部制度の改革が高齢者教育の発展を促した。退職した幹部たちは一九四九年に新中国が成立するための革命に関与し、彼ら自身が新しい時代についていこうという意欲が強かった。彼らは社会的な人脈を用いて人々を組織し、高齢者教育の場を作り出した。そのため、彼らは高齢者教育政策や法律がない時代において、自身の学習意欲を満たしながら、国に高齢者教育への注目を促した。このような背景の下、一九八二年、山東省赤十字会に所属する数名の高齢者たちは、高齢化社会がもたらす問題を解決する手段として、高齢者教育を提案した。この提案は当時山東省政府から大きな支持を獲得し、およそ一年の準備期間を経て、一九八三年九月に山東省赤十字会老年大学が成立した。これは現代中国の高齢者教育が発足した象徴としてみられている[2]。

山東省赤十字会老年大学が創立してからの二年間、他の省、市、自治区にも続々と老年大学が設立された。一九八五年末には、全国の老年大学は六一か所に至り、在籍する高齢者は約四万人程となった。この時期の老年大学の特徴は、経費無し、編成無し、校舎無しという「三無」の状況で生まれたことである。これに対して、高齢者有志が努力を重ねたことで、国家政府の注目を集めて支援を得られるようになり、その後の老年大学が発展する土台を作った。一九八五年一二月に、各地の老年大学からの要望に応じ、中国高齢工作委員会は北京で「全国老年大学経験交流会」を開いた。国家リーダー層の要職につく多くの代表はこの会議に参加し、老年大学の発展を応援した。この会議は中国の老年大学が発展する歴史において画期的な意義を持っている。中央政府による老年大学への支援は高齢者の学習する意欲を向上させただけではなく、各地の地方政府に影響を与え、老年大学への注目と支援を強めるようになった。

実践面だけではなく、一九八〇年代に、中国で終身教育・終身学習の思想が海外から取り入れられ、中国における従来の思想に海外の先進的な思想が組み込まれてきた。このような海外の先進的な経験や理論が中国に紹介されたことで、中国の高齢者教育の理論的な発展が促進された[3]。

中国の高齢者教育は教育行政の下で発展し、老年大学と老年学校は高齢者教育を行う主要な場となった[4]。一方、老年大学と老年学校の数は急激に増加する高齢者の人数と高齢者の学習ニーズに応じられなくなってきた。二〇一九年の時点では、全国で七・六万か所の老年大学があり、遠隔教育に参加した高齢者を含め計一三〇〇万余の高齢者が学習活動に参加できているにもかかわらず、これは六〇歳以上の高齢者人口の約五％に過ぎない[5]。そのため、多くの老年大学では「一座難求」（筆者注：一つの座席を求めるのも難しいという老年大学への「入学難」のこと）の現象が起きている[6]。

終身教育・終身学習の理念の下、一九八〇年代から社区教育という新しいタイプの教育・学習活動が生まれてきており、高齢者は社区教育の一つ重要な対象となってきた。一九九五年、「中華人民共和国教育法」で終身教育体系の構築が規定され、高齢者を対象とする学習が重視されるようになった。一九九六年の「中華人民共和国老年人権益保障法」では、「高齢者には教育を受ける権利がある。国は高齢者教育を発展させるべきである。高齢者教育を終身教育体系に入れる」と初めて高齢者の教育を受ける権利が定められた。社区教育の発展につれて、老年大学のようなフォーマルな高齢者教育の形以外に、住民が暮らしている社区において多様なノンフォーマルな高齢者教育の形が現れている。

フォーマルな高齢者教育の形は、行政が主導する老年学校のほか、都市部の街道、社区及び農村部の町村に設置される老年学校もある。老年大学と比べ、老年学校は高齢者の身近にある教育の場であるといえる。都市部の街道、社区における老年学校は老年大学の分校でありながら、社区における高齢者教育を行う重要な場の一つでもある。老年学校は社区にある教育資源を最大限に利用し、主に街道あるいは社区によって組織されている。参加者は地域住民で、学校の教師を担当する人も地域に暮らす高齢者である。さらに、社区教育の場―社区学院、社区学校を生かして行われる高齢者教育がある。都市部において社区教育実験区が国家から指定されている。これらの地域において、社区教育実験区に社区学院が設置され、実験区下に所属する街道に社区学校が設置され、街道の下の居民委員会が組織する社区学習スポットがある。このような三層構造で、社区に住んでいる住民たちに数多くの活動を提供している。参加者の大多数は高齢者であるため、活動内容には高齢者教育に関わる内容も含まれている。また、老年学校と社区学院、社区学校と連携し、高齢者教育と社区教育とが一体化する場合が多く見られる。

ノンフォーマルな高齢者教育として、高齢者の社会団体による高齢者教育、新聞、雑誌による高齢者教育、社会文化福祉機構や施設による高齢者教育、放送大学・インターネットによる高齢者教育や、「単位」による高齢者教育があげられる。「単位」による高齢者教育とは、計画経済時代に福祉を担ってきたのは「単位」が、所属する職場が従業員である高齢者に対して、高齢者福祉の一部分として定期的に高齢者教育を行うことを指す。一方、一九九〇年代に「単位」制度が崩壊し、人々は「単位」の従業員としての帰属意識より、個人が住んでいる社区に所属する意識が強くなってきた。それゆえ、将来の発展方向として、社区が高齢者教育を行う重要な担い手として浮かびあがってくる。

このように、社区は高齢者教育を行う主要な場として重視されてきた。また社区高齢者教育は高齢者教育の一部でありながら、社区教育の重要な部分である。社区高齢者教育では、フォーマルとノンフォーマルな高齢者教育の形が共存している。

高齢者教育が発展する中、「改革開放」の経済成長による地域間の格差も高齢者教育に反映されている。「改革開放」によって、終身教育のような海外の様々な思想や文化風潮が中国に入ってきた。また、経済成長により、特に都市部の高齢者には経済的な余裕ができ、衣食住を超えた精神的な充実を追求するようになった。一方、経済成長の不均等問題が現れ、都市部と農村部の差、都市部の中でも貧富の差が生じてきた。九〇年代から、高齢者教育実践の広がりと共に、終身教育の理念はまず経済が発展している都市部で最初に実践されており、国の政策に応じ、経済が発展する都市部は率先してその地域の高齢者教育政策を策定していた。その為、国務院が二〇一七年に発表した「第十三次五カ年国家老齢事業発展及び養老体系建設計画」では、農村部と都市部の間に存在している高齢者教育及び養老体系建設の格差が問題点として指摘されている。このように、経済発展で生じた格差が高齢者教育の不均等にも反映されている。

また、行政が主導する高齢者教育の場で行われる学習内容は、低年齢層で健康状態の良い高齢者を対象とするものがほとんどである。老年大学に参加する高齢者のうち、五五歳から七〇歳までの高齢者が占める割合がもっとも多いと指摘されている[7]。さらに、社区高齢者教育の対象に関しては、教育対象が限定的であり、低年齢層、経済状況や健康状況の良い高齢者が主であり、そうではない高齢者はあまり対象とされていなかったことも指摘されている[8]。多様な高齢者の学習ニーズを満たすために、社区ではノンフォーマルな高齢者教育が現れつつ、社区高齢者教育のノンフォーマルな性格が重視されるようになった。

経済成長と共に発展した社区高齢者教育の施策

中国では、先駆けた研究で社区での高齢者教育が中国高齢者教育の中で重要な役割を果たすことが明らかにされていたにもかかわらず、国家政策で「社区高齢者教育」という言葉が登場するまでに大きなタイムラグが生じている。社区高齢者教育に対する学者の研究は二〇〇八年ごろから現れ始め、実践レベルにおいても様々な学習活動が取り込まれてきた。しかし、国家政策では、社区をベースにした高齢者教育の発展が望まれていたが、初めて「社区高齢者教育」の用語が取り入れられたのは二〇一六年の「高齢者教育発展計画（二〇一六―二〇二〇年）」である。

この部分では、国家レベルの政策に絞り、政策文書から高齢者教育における社区の位置づけの変遷に注目する。その際に、大きく四つの時期、準備期（一九七八年―一九九三年）、萌芽期（一九九四年―二〇〇五年）、発展期（二〇〇六年―二〇一五年）、改善期（二〇一六年―今日）に分けて論じる。時期区分をした年は、「改革開放」が行われた一九七八年、国家レベルで最初の高齢者事業の政策を出した一九九四年、社区が高齢者福祉の場から高齢者教育の場へ移行した二〇〇六年および「社区高齢者教育」という言葉が初めて政策文書で定着した二〇一六年である。

まず、準備期（一九七八年―一九九三年）における社区の位置づけを述べる。一九七八年「改革開放」政策の下、第五回全国人民大会の新憲法で、改めて街道、居民委員会の組織形態が明確化された。そこで、街道弁事処は区政府の出先機関として、中国の行政管理体制の中で最下部の基礎組織として位置づけられ、居民委員会は地域住民の自治組織となった。一九八七年に「中華人民共和国都市居民委員会法」が公布され、そこで社区は一つの行政区分として定められた。民政部は「社区服務」を展開し、都市部で多様なサービスを提供していたが、国家政府が期待していた基礎組織としての社区の役割が果たせなかった。そこで、民政部の担当業務を広げるため、街道弁事処と居民委員会の機能を最大限に発揮させるような方向性を示した(9)。

一九八六年から社区という言葉が住民の生活の中で馴染み始めた。また、社区は中国において最も小さな行政単位であり、行政の末端組織として機能する一方、居民委員会と密着に繋がり、住民の自治組織としての機能を有していることも読み取れる。

次に、萌芽期（一九九四年－二〇〇五年）における社区の位置づけを論じる。一九九三年に「終身教育」の概念が初めて中国の教育政策文書「中国教育の改革と発展綱要」で使われた。終身教育概念の導入は前述の社区教育の発展に理論的根拠を提供し、高齢者も教育の対象として扱われるようになった。一九九四年に初めて高齢者事業に関連する国レベルの政策「中国老齢工作七年発展綱要（一九九四―二〇〇〇年）」では、高齢者教育の形態はまだ老年大学、あるいは老年学校に止まっている。一方、高齢者の介護・養老システムとしては家族養老を第一にあげつつ、社区の役割が期待されていることが示されている。

その後、国務院は「中国共産党中央国務院高齢工作の強化に関する決定」（二〇〇〇年）（以下、「決定」と称する）と、二〇〇〇年まで用いられていた七年発展綱要に続く「中国高齢事業発展第十次五カ年計画綱要」（二〇〇一年）を公布した。「決定」においては、引き続き「家庭養老と社会養老を融合する」という指導方針が出され、「家族が高齢者を介護する役割を十分に発揮すべきだ」と提唱されている。「中国高齢事業発展第十次五カ年計画綱要」では、「都市部では社区単位を基本として高齢者の管理をし、高齢者向けのサービスシステムを立ち上げ、特に高齢者の健康、衛生に関する問題を社区内で解決できるようにする」という方向性が出されている。また、初めて「在宅養老」という表現が用いられたが、「家庭養老」との区別が明確ではなく、主に家族内で高齢者の介護を解決するという意味合いで使われていた。この時期、社区は高齢者の老後生活の担い手として重要視されるようになってきたが、社区の役割は高齢者への福祉サービスの側面に止まっており、高齢者教育を行う場としてみなされていなかった。

続いて、発展期（二〇〇六年―二〇一五年）における社区の位置づけを述べる。この時期に、経済の高度成長と共に、高齢者の経済的状況・健康状況が改善され、老年大学以外に、草の根からの高齢者の学習活動が盛んになってきた。また、国レベルの終身教育に関する立法が数度試みられた。最終的に国レベルでの法制化は実現しなかったが、一部地方の終身教育実践の進展にともない、二〇〇五年「福建省終身教育促進条例」をはじめ、二〇一一年に上海市、二〇一二年に山西省太原市、二〇一四年に河北省、浙江省寧波市などで続々と各地方において終身教育促進条例が公布されてきている。二〇一六年に四川省成都市は中国初の「社区教育促進条例」を公布した。国家レベルでは、二〇〇六年に、国家発展改革委員会が「中国老齢事業発展第十一次五カ年計画綱要（二〇〇六―二〇一〇年）」を示した。本計画綱要では、「都市部における家族介護の機能を奨励しながら、在宅養老を主軸としつつ養老施設がサポートするような養老体制の整備」が唱えられている。ここで、「在宅養老」は「家庭養老」と区別され、家に居ながら社区のリソースを利用して老後生活を送るという意味合いで使われている。高齢者教育に関し、「高齢者教育のネットワークを整えるために、社区における多様な高齢者の学習形態の提供」が提唱され、社区は高齢者学習の場として初めて見られるようになった。その後、中国国務院が二〇一一年に公布した「中国老齢事業発展第十二次五カ年計画綱要（二〇一一―二〇一六年）」では、高齢者福祉サービスに関し、新たな方向性が出されている。今までの政策では「家庭養老と社会養老を融合する」と唱えつつあったが、初めて「社会養老サービスを優先的に発展させる」との方針が出された。今まで社会より家族を養老の担い手として期待する向きがあったが、ここにきて、社会養老への期待が大きくなったことが窺える。この計画綱要の総目標の中に「老有所教（高齢者教育）」と「老有所学（高齢者学習）」の両方を入れることによって、高齢者の自己責任で学習をするのではなく、高齢者への教育の提供と、高齢者同士の教えと学びも重視されるようになっている。

これまでに社区は高齢者への福祉サービスにおける中心的な位置づけを固めてきたが、この時期に、ようやく社区が高齢者の学習の場として提起されるようになったことは注目すべきである。

最後に、改善期（二〇一六年―今日）における社区の位置づけを論じる。この時期に、国の政策文書で「社区高齢者教育」という言葉を使い始め、二〇一六年に社区教育の重点は「高齢者」に焦点を当て、社区は高齢者教育の主要な担い手としての位置づけが定着するようになった。今までの政策は高齢者の福祉サービスと高齢者教育両方を包括するものがほとんどであったが、二〇一六年に、中国で初めて高齢者教育のみについての政策「高齢者教育発展計画（二〇一六—二〇二〇年）」が国務院から出された。本計画の冒頭では、高齢者教育が高齢者事業における大事な一部であると明確に記述された。また、初めて「社区高齢者教育」という言葉が使われた。「社区高齢者教育を優先的に発展させるとしており、『市区—街道—居民委員会』の三層社区高齢者教育のネットワークを整える」と提唱している。その中でも、特に「高齢者の自主的学習、学習団体の設立を支援する態勢」を示している。このように、社区は高齢者教育の場として政策上で明記され、社区の高齢者教育における位置づけが定着した。しかしながら、「社区高齢者教育」の定義が明確にされておらず、社区高齢者教育の概念が政策上では曖昧なままになっている。

このように、社区はまず行政の末端組織と住民の自治組織としてみられていた。その後、社区は高齢者老後生活の担い手として、高齢者の養老システムにおける「社区介護の拠り所とする」という位置づけがなされた。これをきっかけに、高齢者教育の中で社区の役割も期待されるようになった。高齢者教育の内容は最初に老年大学、老年学校に止まっていたが、社区が高齢者教育を行う場として見なされてから、社区で高齢者の学習ニーズを満たしたり、社区における多様なセクターを高齢者教育の主体として取り入れたりするようになってきた。これらの実践の中で社区高齢者教育という言葉が生まれ、最終的に政策文書で使われるようになった。しかしながら、「社区高齢者教育」の定義は定められていない。その理由は、実践では高齢者の学習団体や、福祉サービスが関わりながら行った活動など多様な形のものが現れてきており、これらの実践の形を全て一つの概念で包括することが難しく、定義がまとまらない部分があったと考えられる。また、「社区高齢者教育」の定義や具体的な施策が定められていないからこそ、各地域で実施する際の自由度が高く、多様な社区高齢者教育の内容と形が望まれている。

福祉施設における「養教連携」の実践

前述のように、社区高齢者教育の対象に関しては、教育対象が限定的であり、低年齢層、経済状況や健康状況の良い高齢者が主であり、そうではない高齢者はあまり対象とされていなかった。その理由は、高齢者教育と高齢者福祉が行政的に異なる枠組みとなっているからである。高齢者教育は教育行政の下にある教育部に管轄され、主に健全、健康な高齢者を対象としている。これに対し、高齢者福祉は福祉行政の下にある民政部に管轄され、生活に困難を抱え、福祉サービスを求めている要支援・要介護の高齢者を対象としている。課題の一つとして、養老施設における要支援・要介護高齢者の学習ニーズが満たされていないことがあげられる。近年、養老施設における高齢者の学習意欲を満たすために、多くの養老施設が地域の老年大学や老年学校の課程を取り入れ、あるいは、社区や病院と連携して講座を開くようになってきた。このような取り組みは「養教連携」と呼ばれている。「養教連携」は社区高齢者教育が養老施設まで場を広げたものである。ここでは、二〇一八年四月に筆者が調査した上海市徐滙区の長橋公立養老院と日月星私立養老院で行われた「養教連携」の実践を紹介する。データはすべて調査した時点のものである。

長橋養老院の高齢者の平均年齢はおよそ八六歳である。利用している高齢者は一二〇名余り、そのうちの七〇名以上は寝たきりの状態であるため、実際「養教連携」の活動に参加している高齢者は介護度の低い四〇名弱である。公立の長橋養老院は区政府主導のもと「養教連携」を開始した。そのため、最初は教育部の指示の下で、老年大学と地域の社区学院から茶道、昔の歌、手芸と織物のクラスを受け入れた。二年目から入所者の要望に応じ、養老院で自主的に新たな課程を開くようになった。調査した時点の「養教連携」の課程表は以下の通りである。それ以外には月一回若者のボランティアが「上海昔話」を語るイベントもあり、他に不定期的に近隣地区の老年大学、社区学院や高齢者の学習団体によるイベントもある。（表 補-1）

日月星養老院には高齢者二四九名が住んでおり、もっとも長く住んでいる高齢者は入居八年になる。介護状況により、実際に「養教連携」に参加できる高齢者は全体の三分の一にすぎないという。日月星養老院は私立な養老院であるため教育部による支援がなく、二〇一三年徐滙区で「養教連携」が公式に開始される前からすでに養老院で文化的活動に取り組んでいた。こうした取り組みは、養老院での高齢者の生活を充実させようという素朴な動機に基づいていると院長が話した。その後日月星養老院が所在する街道にある老年大学とも繋がりができた。その結果、老年大学の援助によって手芸、歌の授業が提供された。調査した時点の「養教連携」の課程表は以下の通りである。（表 補-2）

このように、公立養老院は教育部の先導のもと「養教連携」を取り入れたのに対し、私立養老院には教育部による支援がなく、明確な指示がなかったため、各養老院での「養教連携」実施の状況は養老院院長と職員の「養教連携」に対する積極性に影響されている。

調査から「養教連携」の効果は下記の三点があげられる。まず、養老院の高齢者への学習活動は要支援高齢者及び要介護高齢者の「生活の充実性と自立性」に繋がり、彼らの養老院での生活リズムを作っている。長橋養老院の院長は、養老院で毎日同じような暮らしを繰り返し、曜日の感覚が薄れていたが、「養教連携」の取り組みが始まってから、曜日の感覚が比較的はっきりするようになったという。また、「養教連携」を取り入れることは、健康で元気な高齢者だけではなく、特に要介護度の高い高齢者の「身体・認知機能の維持と回復」への効果もあるようにみられる。長橋養老院の「昔の歌」という授業に参加していた七八歳の男性は脳血栓のため話すことができないが、歌は歌える。彼は歌の授業へ参加してから、自分の気持ちを歌で表すことができるようになったと

表 補-1　長橋養老院における「養教連携」課程表

曜日	午前		午後
	8：30 ～ 9：00	9：00 ～ 10：00	14：30 ～ 15：30
月曜日	身心リハビリ（B 氏）		
火曜日		算数クラス（社区のボランティア）	
水曜日	身心リハビリ（B 氏）	茶道（茶道工作室）	昔の歌（元老年大学先生）
木曜日	身心リハビリ（B 氏）	放送大学（教育テレビ局）	
金曜日	身心リハビリ（B 氏）		世帯間交流・WeChat 授業（社区のボランティア）

「長橋養老院『養教連携』課程設置 2018」から筆者翻訳。

表 補-2　日月星養老院における「養教連携」課程表

曜日	午前	午後
月曜日		16：00 ～ 16：45 ニュース読み聞かせ会
火曜日	9：30 ～ 10：30 指体操	
水曜日	9：30 ～ 10：30 劇クラス	15：00 ～ 16：00 歌クラス
木曜日	9：30 ～ 10：30 放送大学	15：00 ～ 16：00 気功クラス
金曜日	9：00 ～ 11：00 読書会	14：00 ～ 16：00 ダイアモンド絵画

「日月星養老院『養教連携』課程設置 2018」から筆者翻訳。

院長が紹介してくれた。最後に、養老院管理者の立場からみれば、「養教連携」は高齢者が養老院に対してもつイメージを変えつつ、養老院の管理にも大きな役割を果たしている。調査から、多くの人は養老院での生活に対して、何もせずに日々を暮らすというようなネガティブなイメージを持っていたが、「養教連携」を取り入れてからそうした印象が改善されたということがわかった。

一方、老年大学や社区学院から取り入れた授業の内容と形式は介護度の低い高齢者をターゲットとしている。現場では、介護度の高い高齢者にもなるべく学習活動に参加できるように、取り入れた授業の内容と形式に対して養老院側で自主的に調整を行ったが、身体機能は衰えていても脳機能は高いレベルを保っている高齢者も少なくはないため、これらの高齢者が部屋から出ずにできる教育活動の開発、特に寝たきりの入所者にリハビリを前向きに受けてもらう方法や精神的な豊かさを向上する方法の開発などが求められている。

社区における単身高齢者の学習団体の実践

社区で高齢者の学習団体は社区高齢者教育における重要な形であり、高齢者多様な学習ニーズを満たしている。また、単身高齢者は一般の高齢者とは異なる精神的需要を抱えているとすでに指摘されている。[10] それゆえ、単身高齢者は学習対象としての高齢者を区分する上で、一つの特殊なグループとしてとらえられ、彼らの学習ニーズは行政的社区高齢者教育に包括しきれなく、支援が必要とされる部分がある。ここでは、上海市にある単身高齢者の小規模な自発的学習団体として発足してから、長年かけて社区学院の一クラスになった「K読書会」という特徴的な事例を取り上げる。調査は二〇一六年九月と一二月に行い、データはすべて調査した時点のものである。

「K読書会」は二〇〇五年に上海市浦東新区J街道のS社区を中心に発足した。当初団体を立ち上げた人であり、今も団体のリーダーをしているZ氏の話によれば、最初の目的は単身高齢者のお見合いの場として始めたそうである。参加対象はJ街道のS社区及びその近くの社区に住んでいる高齢者だった。しかし、実際にこの年齢で相手を探すことは難しく、七年活動して三組のペアが成立したのみであった。このようなことから、この場で単身高齢者同士が一緒に世間のことを知り、生活の悩みを互いに語り合うことを目的に改めようと考えた。そして、二〇一三年にこのグループの名前を読書会とした。今まで独自に運営してきた読書会は、二〇一五年に、社区学院の一つのサークルクラスとなった。社区学院に所属されることにより活動の場所が確保され、社区学院を通じて活動経費の支援も増えた一方、高齢者の自発的な学習団体でありながら、行政の末端組織としての役割も期待されている。

「K読書会」の参加者の年齢層は幅広く、六〇代から八〇代まで参加している。七〇代の人が中心であるため、彼らに合わせた活動を行っている。読書会は週一回で、毎回の活動時間は二時間から三時間となっている。毎学期三〇元（約五〇〇円）の会費を払う。会費は活動する時のお菓子代などとして使われている。読書会といっても、本を読むだけではない。団体のリーダーZ氏は毎回最近のニュースや世界中の出来事をトークショー形式で高齢者たちに上海語で語り、その後、みんなでお菓子を食べながら、話した内容に対する自分の意見や、感想を話し合う。時には、いかに若い世代と交流するかというテーマや、一人暮らしの健康に関するテーマなどをめぐり議論をする。最後に、一緒にゲームをしたり、歌を歌ったりする。活動する場所はS社区にある居民委員会の活動室になっている。その活動室は住宅区の中にあり、住民が通いやすい場所である。居民委員会は「K読書会」の活動を応援しており、活動場所を無料で提供している。

今回の調査では、高齢者が学習活動に参加してからの変化について考察した。一つ目に、「気持ちの変化、精神的充実」であるといえる。高齢者のインタビューデータから、自分が単身であることを受け止め、生活に対する気持ちが前向きになり、精神的に充実したことが読み取れる。例えば、参加者の一人（女性）は「私は夫が亡くなった最初の三年間は寝込むことが多かった。この読書会のみんなが助けてくれた。今は、寂しさや落ち込みを感じているこの社区の人々を助けてあげたい」と感謝の気持ちを表しながら話した。学習活動を通して高齢者に生じた変化の二つ目として、トークショーの内容から国内外の出来事や地元の文化が理解できるようになったということがあげられる。「Z氏はいつもニュースを面白く、分かりやすく話してくれている。上海の方言で話すので、とても身近に感じる」と語ってくれた参加者がいた。単身高齢者のもう一つの変化は、この読書会に参加する単身高齢者たちに活動以外の繋がりができたことで兄弟、姉妹のような関係となり、社区での相互扶助の関係ができたという。最初にインタビューした際に、「こちらは私たちのお兄さん、一番年上なので。そして、彼女は一番年下なので、私たちの妹」というふうに参加者が紹介してくれた。週一回の活動以外にも、電話で話したり一緒に出かけたりする。一般の高齢者でも学習活動を通じて友達ができることはあるが、単身高齢者の場合は、学習活動を通じてできた仲間とのつながりが深くなりやすいということが窺える。単身高齢者は高齢者の中で占める割合は低いが、彼らには独特の心理的なニーズがある。調査を通し、彼らは自分と同じ気持ちを持つ人たちと一緒に交流することによって、有効な学習ができるということが検証できた。

一方、以前は自立して活動を行っていた団体が社区学院に配属される形になったため、行政からの支援は増えたものの、団体を自主運営する高齢者にとって、団体管理の自由度は低くなったという課題も現れている。普段の活動の中で、団体のリーダーは社区学院の資源を利用した自由な活動を展開しているが、高齢者がその活動をすると危険性があると判断される場合は、行政的な規制により、校長がその活動を中止することもある。団体の発展と社区学院全体の発展を両立させる方法、団体と社区学院の相互理解の進め方が求められている。

社区高齢者教育の展望

社区高齢者教育に対する政策上の定義はなく、学術領域でもあいまいなままに扱われている。実践レベルから見れば、社区高齢者教育にはフォーマルな高齢者教育の形とノンフォーマルな高齢者教育の形が共存している。「養教連携」は教育行政が主導し、老年大学や社区学院のようなフォーマルな高齢者教育を福祉施設へ取り入れた形の高齢者教育であり、福祉施設主導で行われる取り組みではないため、ノンフォーマルな高齢者教育というより、フォーマルな高齢者教育の延長にあたる高齢者福祉施設での取り組みという方が妥当なのかもしれない。一方、内容面では要支援・要介護高齢者に適した学習内容に変更され、現場職員と高齢者によって老年大学のクラスをそのまま取り入れるのではなく、それを超えた形の高齢者教育が作られている。さらに、地域単位から見れば、「養教連携」の実践を通して、社区内の高齢者学習資源を福祉施設と共有することが実現できた。この意味で、「養教連携」の取り組みは社区教育の延長であり、社区高齢者教育の高齢者福祉施設における新たな試みだといえるだろう。

「K読書会」の事例からみれば、高齢者の学習団体はノンフォーマルな高齢者教育に属しているとされるが、社区で独自の団体活動を展開するものもあれば、「K読書会」のように社区学院に管理され運営されている学習団体もある。学習団体のほとんどは高齢者が自発的に発足させたものであるため、自主性と自由度を有している。このように、ノンフォーマルな高齢者教育の柔軟性を有しながら、フォーマルな高齢者教育組織に委託することによって、学習内容と学習形式を多様化できる。一方、「K読書会」の事例でみられたように、民間で立ち上げた学習団体の中、特徴のある団体や住民に人気の団体に対し、地方政府はそれらの学習団体を制度化し、次第に取りまとめていく動きを見せている。Z氏の工夫で成長してきた「K読書会」が社区学院に吸収され、行政末端組織として機能することで安易に高齢者対策として取り込まれる危険がある一方で、住民の自由で自主的な学習団体として発展していく面でのジレンマが生じている。

二つの事例から、要支援・要介護高齢者を対象とする社区高齢者教育の実践は、教育的機能だけでなく福祉的機能も有していたことがみられる。そこで、社区高齢者教育は要支援・要介護高齢者を対象とする教育の場として活用されると考えられる。今後、社区高齢者教育は社区教育と高齢者教育の中間にある概念ではなく、高齢者福祉も融合する概念となりかえるべきなのではないかと思われる。その際に、高齢者福祉行政と高齢者教育行政が今より深まる関係性を築き、お互いの教育課題と福祉課題を共に解決していく姿が期待される。

注

（1）中国成人教育協会編『中国成人教育改革発展三十年』高等教育出版社、二〇〇八年。
（2）同前。
（3）同前。
（4）同前。
（5）左雨晴「銀髪経済：〃一座難求〃の老人大学」『産経観察』第一二期、二〇一九年。
（6）同前。
（7）岳瑛「把握老年大学学生的学習特点導入現代教学観念与方式方法」二〇一六年。広州老年大学ウェブサイト http://www.gzlgdx.com/gzlgdx/News.shtml?p5=112890（二〇一八年九月一五日閲覧）
（8）王林艶・王強「近二十年我国社区老年教育研究的回顧与展望」『中国成人教育』一二、二〇一八年。
（9）馬麗華『中国都市部における社区教育政策』大学教育出版、二〇一六年。
（10）陳暁慧「城市喪偶独居老人生活服務供求分析」『青年与社会（下）』第五期、二〇一五年。

（本稿は筆者の博士論文「中国都市部の社区高齢者教育における福祉的機能に関する研究」の内容に基づいて執筆した。）

（王　倩然）

高度経済成長期　社会教育関係年表（1951～1975）

＊高度経済成長期を広くとらえると一般的には1955年～1973年とされるが、この年表ではその前後の期間の関連するできごとも記載している。

年	社会教育のあゆみ	社会と教育のあゆみ
1951 昭和26	社会教育法の改正で社会教育主事が新設（3月） 日本青年団協議会第1回大会開催、青年学級法制化要求を決議（5月） 全国公民館連絡協議会結成（11月）	サンフランシスコ講和条約、日米安全保障条約調印（9月）
1952 昭和27	日本子どもを守る会結成（5月） 日本青年団協議会が青年学級振興法に反対決議（5月） 全国地域婦人団体連絡協議会結成（7月）	琉球政府発足（4月） 破壊活動防止法制定（7月） 警察予備隊を改組して保安隊を創設（10月） 市町村教育委員会発足（11月）
1953 昭和28	社会教育連合会を全日本社会教育連合会に改称（1月） 青年学級振興法制定（8月） 日本ＰＴＡ全国協議会結成（10月）	町村合併促進法制定（9月）
1954 昭和29	日本青年団協議会・青年団研究所『共同学習の手引』発行（1月） 文部省実験社会学級講座が静岡県稲取町・山梨県柏村に開設（1月） 日本婦人団体連合会結成（4月） 日本図書館協会「図書館の自由に関する宣言」発表（5月） 原水爆禁止署名運動杉並協議会が杉並区に原水爆禁止を求める署名を提出（5月） 日本社会教育学会第1回研究大会開催（10月） 生活記録『母の歴史』発刊（11月）	第五福竜丸ビキニ環礁で被ばく（3月） 教育公務員特例法の一部を改正する法律、義務教育諸学校における教育の中立性に関する法律が制定（6月） 安保隊を改組して自衛隊を創設（7月）

1955 昭和30	日本青年団協議会第1回青年問題研究集会開催（2月） 社会教育審議会「社会教育の立場から新生活運動をいかに展開してゆくべきか」答申（3月） 第1回日本母親大会開催（6月） 第1回原水爆禁止世界大会開催（8月） 新生活運動協会設立（9月） 全国公民館連絡協議会『月刊公民館』創刊（12月）	日本生産性本部発足（2月）
1956 昭和31	文部省委託婦人学級予算化（3月） 社会教育審議会「青年学級学習課程編成資料」作成（5月） 長野県下伊那郡で原水爆禁止協議会結成（7月）	地方教育行政の組織及び運営に関する法律制定（6月） 経済白書「もはや戦後ではない」と宣言（7月） 任命制教育委員会発足（10月） 国連総会で日本の加盟承認（12月）
1957 昭和32	全日本自治団体労働組合第1回地方自治研究全国集会開催（1月） 社会教育法改正で運動競技団体への国庫補助が可能に（5月） 中央青少年問題協議会「勤労青年教育対策要綱」意見具申（5月） 『社会教育』休刊（9月） 『社会教育』復刊（10月） 『月刊社会教育』創刊（12月） 社会教育審議会「青年学級の改善方策について」「公民館の充実振興方策について」「ラジオおよびテレビジョンの教育利用方策について」答申（12月）	教員の勤務評定反対運動開始（11月） 閣議「新長期経済計画」決定（12月）

年	社会教育のあゆみ	社会と教育のあゆみ
1958 昭和33	中央教育審議会「勤労青少年の教育について」答申（4月） 全国公民館大会で公民館法制化促進を決議（6月） 女性団体14団体が社会教育法改正に反対（11月） 近畿公民館主事会が社会教育法改正に反対（12月）	沖縄で教育基本法、学校教育法、社会教育法、教育委員会法制定（1月） 教育課程に「道徳の時間」特設（8月） 警察官職務執行法案が反対運動で廃案（10月）
1959 昭和34	全国公民館連絡協議会が社会教育法改正に賛成（1月） 社会教育法改正で社会教育主事の養成を大学以外でも可能にし、社会教育関係団体への補助金の支出も可能に（4月） 倉吉市で「自治公民館」発足（4月） 国立青年の家開設（9月） 社会教育審議会「社会教育関係団体に関する助成について」「公民館の設置及び運営に関する基準」答申（12月）	日米安保条約改定阻止国民会議結成（3月） 未帰還者に関する特別措置法の制定で戦地での消息がわからない人を「戦時死亡」とする（4月） 三池争議開始（12月）
1960 昭和35	日本労働組合総評議会第1回労働者教育研究集会開催（3月） 三鷹市で商店青年学級開設され、以後、年少青年学級、青年実務学校、勤労青年学級を開設（4月） 第1回信濃生産大学開催（8月） ユネスコ第2回成人教育国際会議開催（8月）	日米安全保障条約承認（6月） 閣議「国民所得倍増計画」決定（12月）
1961 昭和36	スポーツ振興法制定（6月） 社会教育審議会「社会通信教育拡充の諸方策について」答申（7月） 『月刊社会教育』編集部第1回社会教育研究全国集会開催（9月）	農業基本法制定（6月） 小学校・高校全国一斉学力調査実施（9月） 中学校全国一斉学力調査実施（10月）

		日本PTA全国協議会「全国PTA負担経費実態調査」実施（11月）
1962 昭和37	全国公民館連絡協議会第1回公民館職員研究集会開催（2月）	高校全員入学問題全国協議会結成大会開催（4月） 閣議「全国総合開発計画」決定（10月）
1963 昭和38	枚方市教育委員の会「社会教育をすべての市民に」（枚方テーゼ）発表（2月） 北九州市戸畑公民館で女性の公害学習開始（4月） 第1回部落問題研究全国集会開催（6月） 社会教育推進全国協議会結成（9月）	経済審議会「経済発展における人的能力開発の課題と対策」答申（1月） 労働省の依頼で日本交通公社が都市への就職者の計画輸送（集団就職列車）を開始（3月） 義務教育諸学校の教科用図書の無償措置に関する法律制定（12月）
1964 昭和39	公民館振興対策研究協議会結成（1月） 文部省家庭教育学級開設費補助開始（4月） 社会教育審議会「大学開放の促進について」答申（7月） 第1回北村山農民大学開催（9月） 沼津三島石油コンビナート計画を反対運動で阻止（10月）	東海道新幹線開業（10月） 東京オリンピック開催（10月）
1965 昭和40	全国公民館連合会結成（2月） 飯田・下伊那主事会が「公民館主事の性格と役割」（下伊那テーゼ）発表（3月） 国立社会教育研修所開設（7月） 社会教育審議会「教育放送の充実等について」建議（12月） ユネスコ成人教育推進国際委員会「生涯教育」提案（12月）	ベトナム戦争で本格的な北爆開始（2月） 日韓基本条約調印（6月） 同和対策審議会答申（8月）

年	社会教育のあゆみ	社会と教育のあゆみ
１９６６ 昭和41	長野県喬木村で社会教育主事不当配転問題発生（1月） 山形県農民大学開催（1月）	青少年育成国民会議結成（5月） 中央教育審議会「後期中等教育の拡充整備について」、別記「期待される人間像」答申（10月） ベトナム戦争反対統一ストライキ実施（10月）
１９６７ 昭和42	京都府で「ろばた懇談会」開始（4月） 国立市母と子の勉強会「公民館附属保育施設の件」請願（6月） 全国公民館連合会「公民館のあるべき姿と今日的指標」発表（9月）	経済企画庁「経済社会発展計画」発表（3月） 東京都に革新知事誕生（4月） 公害対策基本法制定（8月） 東南アジア諸国連合結成（8月）
１９６８ 昭和43	埼玉県浦和市で社会教育職員不当配転問題発生（4月）	家庭生活審議会「現代の社会生活において家庭の果たすべき役割と家庭生活問題について行政施策のとるべき基本的方策について」答申（3月） 東大紛争が全国の大学紛争に波及（6月） 日本経営者団体連盟能力主義管理研究会「能力主義管理」発表（10月）
１９６９ 昭和44	社会教育審議会「映像放送およびＦＭ放送による教育専門放送のあり方について」答申（3月） 文部省「通信制放送大学」構想発表（8月） 公民館振興市町村連盟結成（12月）	閣議「新全国総合開発計画」決定（5月） 国民生活審議会コミュニティ問題小委員会「コミュニティ」報告（9月）
１９７０ 昭和45	家庭教育テレビ番組「親の目子の目」放送開始（7月）	心身障害者対策基本法制定（5月） 第2次教科書訴訟東京地裁で国民に教育権があると

		判決（杉本判決）（7月） 国民生活審議会「消費生活に関する情報の提供及び知識の普及に関する答申」（11月）
1971 昭和46	社会教育審議会答申「急激な社会構造の変化に対処する社会教育のあり方」答申（4月） 松本市で地区公民館を統合した広域のコミュニティセンター構想が出され、公民館のあり方をめぐる議論が始まる（4月） 秋田県で生涯教育推進要綱策定（11月）	自治省「コミュニティ対策要綱」発表（4月） 大阪府に革新知事誕生（4月） 中央教育審議会「今後における学校教育の総合的な拡充整備のための基本的施策について」答申（6月） 日本教職員組合教育制度検討委員会「日本の教育はどうあるべきか（第1次報告書）」発表（6月） 環境庁発足（7月） 新潟水俣病で原告の主張を認める地裁判決（9月） 日本教職員組合・日本労働組合総評議会など12団体「民主教育をすすめる国民連合」結成（11月） 基地のない沖縄復帰を求めるストライキ実施（11月）
1972 昭和47	社会教育指導員設置費補助開始（4月） 第3回ユネスコ国際成人教育会議「忘れられた人びと」への重点的施策の提起（7月）	札幌冬季オリンピック開催（2月） 日本経済調査協議会「新しい産業社会における人間形成」発表（3月） 沖縄返還（5月） 四日市公害訴訟で企業の責任を認める地裁判決（7月） 日中国交正常化（9月）
1973 昭和48	東京都社会教育委員の会「東京都の自治体行政と都民の社会教育活動における市民教育のあり方」答申（7月）	水俣病で企業の責任を認める地裁判決（3月）

年	社会教育のあゆみ	社会と教育のあゆみ
1974 昭和49	第1回長野県地域住民大学開催（3月） 東京都教育庁社会教育部「新しい公民館像をめざして」（三多摩テーゼ）発表（3月） 社会教育審議会「在学青少年に対する社会教育の在り方について」答申（4月） 派遣社会教育主事給与の国庫補助開始（4月） 町田市で障害者青年学級開設（4月） ILO総会「有給教育休暇」条約・勧告採択（6月） 社会教育審議会「市町村における社会教育指導者の充実強化のための施策について」答申（7月） 東京都「派遣社会教育主事問題検討委員会報告」発表（9月）	アラブ石油戦略（オイルショック）（10月） 日本教職員組合教育制度検討委員会「日本の教育改革を求めて（最終報告書）」発表（5月）
1975 昭和50	国立市「公民館保育室運営要綱」策定（2月） 群馬県笠懸村で社会教育主事の不当配転発生（5月） 第1回全国農民大学交流集会開催（6月）	中国残留孤児の身元調査のための報道機関による公開調査実施（3月） 神奈川県で革新知事誕生（4月）

あとがき

本書は比較的最近、名古屋大学社会・生涯教育学研究室の博士課程に在籍した人たちと研究室にかかわりをもっていただいた方の力を集めてつくったものである。編者の恩師である小川利夫先生は、研究室の共同研究として、戦間期研究、占領期研究、高度経済成長期研究に取り組むことを構想されたが、高度経済成長期研究を残して定年退職された。そのようなことから、編者が名古屋大学に赴任して、何とか高度経済成長期研究が実現できないものかと考えてきた。

まず、研究の柱になるものとして、公民館報を網羅的に分析することを思いつき、二〇一九年から取り組んだが、コロナ禍もあり、三つの公民館報を分析するにとどまった。しかしそこからは、「村の新聞」という役割をもつ公民館報を通して、住民がどのような課題に注目していたかを総合的にとらえることができた。それに加えて本書では、編者が整理してみたいと考えていた「権利としての社会教育」の理論枠組みと各執筆者が関心をもったテーマでの論稿を集めた。それぞれに博士論文に取り組み、就職してからは忙しい本務の中で、この研究にも取り組んでくれたことに感謝したい。また、長野県阿智村にかかわる貴重な論稿をご執筆いただいた岡庭一雄さんと細山俊男さんには特に感謝したい。

今日、子ども・若者が厳しい環境に置かれ、地域・自治体が崩されようとしている。このような中で、筆者は「権利としての社会教育」について改めて整理することを通して、今日の状況を乗り越える有効な視点を見出すことができた。もちろん、それを探求することは、政治的・政策的な逆風の中を歩むことになるが、逆風を避けて前進しようとするよりも、新しい理論的・実践的提起ができると考えている。

その一方で、公民館報の網羅的な分析と各執筆者が関心をもったことがらの展開の中では、人びとの関心や困りごと、戸惑い、立場の違いなど、複雑な状況を見て取ることができ、「権利としての社会教育」の内実をもっと深める必要があることを感じた。全体史と地域史をつき合わせて見えてくることを、どのように研究の深まりに結びつけるかが課題ではないかと思われる。その意味では、本書は序説的なものであり、今後、より多くの高度経済成長期社会教育史研究が積み重ねられることが望まれる。

高度経済成長期の次に時代の画期になるのは、おそらく一九八〇年代の低成長・経済大国期であり、それまでの社会教育の法や制度の改正というレベルを超えて、行政改革で社会教育が翻弄されることになる。そしてその次は、一九九〇年代半ば以降誰の目にもはっきり見えることになった貧困・格差拡大の時期ではないかと思われる。戦間期研究、占領期研究に続いて、不十分ながらも高度経済成長期研究とつないできた時代の画期に注目した社会教育史研究が、今後どこかで共同研究として取り組まれることがあればうれしく思う。

本書の刊行にあたって、占領期研究を『日本占領と社会教育』（小川利夫・新海英行編、全三巻、大空社、一九九〇―九二）として刊行していただいた大空社出版に相談させていただいたところ、鈴木信男代表にご高配をいただいた。占領期研究と高度経済成長期研究が、このようなかたちでつながったことをありがたく思っている。

二〇二三年一〇月

編　者

〈は〉

〈ま〉

〈や〉

〈ら〉

〈わ〉

――

〈さ〉

索 引

執筆者・担当一覧

氏名	よみ・所属	担当
辻　浩	つじ ゆたか 名古屋大学大学院教育発達科学研究科教授	第1章、第2章1、第3章3
大村　隆史	おおむら たかし 香川大学地域人材共創センター講師	第2章2、第3章1
二村　玲衣	ふたむら れい 岐阜大学地域協学センター助教	第2章3、第3章4
竹井　沙織	たけい さおり 名古屋大学大学院教育発達科学研究科附属教育福祉研究センター研究員	第2章4
徐　真真	じょ しんしん 静岡大学国際連携推進機構学術研究員	第2章5、第4章3
王　倩然	おう せいぜん 筑波大学 URA 研究戦略推進室	第2章6、補章2
山本　紀代	やまもと のりよ 名古屋大学大学院教育発達科学研究科大学院生	第3章2
岡庭　一雄	おかにわ かずお 前長野県阿智村村長	第4章1
細山　俊男	ほそやま としお 前社会教育・生涯学習研究所所長	第4章2
佐藤　友美	さとう ともみ クリエイティブ・リンク・ナゴヤ ディレクター	第4章4
河野明日香	かわの あすか 名古屋大学大学院教育発達科学研究科准教授	補章1

編者紹介　辻　浩　つじ・ゆたか

1958年、大阪府生まれ。名古屋大学大学院教育学研究科博士課程後期課程単位取得退学。現在、名古屋大学大学院教育発達科学研究科教授。

［著書］『住民参加型福祉と生涯学習―福祉のまちづくりへの主体形成を求めて―』（ミネルヴァ書房 2003）、『現代教育福祉論―子ども・若者の自立支援と地域づくり―』（ミネルヴァ書房 2017）、『〈共生と自治〉の社会教育―教育福祉と地域づくりのポリフォニー―』（旬報社 2022）、ほかに共編著として『現代の貧困と社会教育―地域に根ざす生涯学習―』（国土社 2009）、『自治の力を育む社会教育計画―人が育ち、地域が変わるために―』（国土社 2014）、『自治が育つ学びと協働　南信州・阿智村』（自治体研究社 2018）、『地方自治の未来をひらく社会教育』（自治体研究社 2023）など。

高度経済成長と社会教育

発　行　2024年1月28日

編　者　辻　浩 ©2024 TSUJI Yutaka

発行者　鈴木信男

発行所　大空社出版 www.ozorasha.co.jp
東京都北区中十条4–3–2（〒114–0032）
電話 03–5963–4451

（印刷・製本）株式会社栄光

ISBN978-4-86688-238-3 C3036
定価（本体2,700円＋税）